工学结合·基于工作过程导向的项目化创新系列教材
国家示范性高等职业教育土建类"十三五"规划教材

房地产测量

主　编	陈　晨	昌永红
副主编	巫昊峰	韩学锋
	刘雨青	张　薇
	杨　晶	张丽军
	曹志勇	
主　审	冯玉祥	

华中科技大学出版社
http://www.hustp.com

内 容 简 介

本书共分14个项目，包括房地产测量概述、房地产产权产籍管理、测量学基础、水准测量、角度测量、距离测量、全站仪和GNSS应用、建筑施工放样的基本方法、测量误差理论、房地产控制测量、房地产调查、房地产图测绘、房产面积测算、房地产测绘管理与变更测量，主要介绍了房地产测量的基本知识，依照项目规划掌握水准仪、经纬仪、全站仪、GNSS等仪器的使用方法，以及房地产测量政策和理论。

本书可作为应用型本科和高职高专院校房地产经营与管理专业以及相关专业的教材，也可作为房地产管理与经营人员的参考书。

为了方便教学，本书还配有电子课件等教学资源包，任课教师和学生可以登录"我们爱读书"网（www.ibook4us.com）免费注册并浏览，或者发邮件至husttujian@163.com免费索取。

图书在版编目(CIP)数据

房地产测量/陈晨,昌永红主编.—武汉：华中科技大学出版社,2017.12
国家示范性高等职业教育土建类"十三五"规划教材
ISBN 978-7-5680-2791-5

Ⅰ.①房… Ⅱ.①陈… ②昌… Ⅲ.①房地产-测量学-高等职业教育-教材 Ⅳ.①F293.3

中国版本图书馆CIP数据核字(2017)第095973号

房地产测量
Fangdichan Celiang

陈　晨　昌永红　主编

策划编辑：康　序
责任编辑：倪　非
责任监印：朱　玢

出版发行：华中科技大学出版社（中国·武汉）　　电话：(027)81321913
　　　　　武汉市东湖新技术开发区华工科技园　　邮编：430223
录　　排：武汉正风天下文化发展有限公司
印　　刷：武汉科源印刷设计有限公司
开　　本：787mm×1092mm 1/16
印　　张：12
字　　数：302千字
版　　次：2017年12月第1版第1次印刷
定　　价：35.00元

本书若有印装质量问题，请向出版社营销中心调换
全国免费服务热线：400-6679-118　　竭诚为您服务
版权所有　侵权必究

前言

本书是根据高等职业技术教育和专科的培养目标,以"理论够用、注重专业技术能力"为原则,结合房地产测绘专业的特点而编写的。随着测绘技术的飞速发展,一些原始的测量方法和技术已经退出一线生产的舞台,为了适应新形势下房地产测量的发展趋势,本书对一些测量技术手段进行了更新,删除了落后的测量技术和仪器使用方法,新增了先进的技术手段,使本书能更紧密地与教学和生产实际相结合。

本书由河北水利电力学院陈晨,辽宁建筑职业学院昌永红担任主编;由广东建设职业技术学院巫昊峰,天津石油职业技术学院韩学锋,河北水利电力学院刘雨青、张薇、杨晶、张丽军、曹志勇担任副主编;由黑龙江省公路勘察设计院冯玉祥高级工程师主审。全书由陈晨审核并统稿。其中,陈晨编写了项目1、项目2、项目11和项目13,昌永红编写了项目6,巫昊峰编写了项目5和项目7,韩学锋编写了项目3,刘雨青编写了项目4和项目10,张薇编写了项目9,杨晶编写了项目8,张丽军编写了项目12,曹志勇编写了项目14,最后由陈晨审核并统稿。

为了方便教学,本书还配有电子课件等教学资源包,任课教师和学生可以登录"我们爱读书"网(www.ibook4us.com)免费注册并浏览,或者发邮件至 husttujian@163.com 免费索取。

在本书的编写过程中,编者收集了大量的资料,借鉴了同类书籍的相关内容。由于编者水平有限,书中缺点和不足之处在所难免,恳请使用本书的读者批评指正。

编 者
2017 年 11 月

目录

项目1 房地产测量概述 ·· (1)
 任务1 房地产测量定义 ·· (1)
 任务2 房地产测量的目的任务及作用 ·· (2)
 任务3 房地产测量的程序 ·· (4)

项目2 房地产产权产籍管理 ··· (7)
 任务1 我国不动产登记制度 ··· (7)
 任务2 房地产产权产籍及其管理 ··· (10)

项目3 测量学基础 ··· (14)
 任务1 测量学简介 ·· (14)
 任务2 地面点位置的确定 ·· (15)
 任务3 地球曲率对测量工作的影响 ··· (19)

项目4 水准测量 ·· (21)
 任务1 水准测量原理 ··· (21)
 任务2 水准测量仪器和工具 ··· (22)
 任务3 普通水准测量 ··· (26)
 任务4 三、四等水准测量 ··· (29)
 任务5 水准测量的成果计算 ··· (32)
 任务6 微倾式水准仪的检验与校正 ··· (34)
 任务7 水准仪测量误差及注意事项 ··· (37)
 任务8 自动安平水准仪与电子水准仪的使用 ································ (38)

项目5 角度测量 ·· (40)
 任务1 角度测量原理 ··· (40)
 任务2 光学经纬仪及其使用 ··· (41)
 任务3 水平角测量 ·· (45)
 任务4 竖直角测量 ·· (48)
 任务5 经纬仪的检验与校正 ··· (50)
 任务6 角度测量误差及注意事项 ··· (54)
 任务7 电子经纬仪 ·· (56)

项目6 距离测量 ·· (62)
 任务1 钢尺量距 ··· (62)
 任务2 视距测量 ··· (67)
 任务3 电磁波测距 ·· (70)

项目 7　全站仪和 GNSS 应用 (75)
任务 1　全站仪简介 (75)
任务 2　ATS-320 全站仪的使用 (80)
任务 3　GNSS 系统简介 (85)
任务 4　南方灵锐 RTK 的使用 (92)

项目 8　建筑施工放样的基本方法 (95)
任务 1　水平角度测设 (95)
任务 2　水平距离测设 (96)
任务 3　高程及坡度测设 (97)
任务 4　平面点位测设 (98)

项目 9　测量误差理论 (104)
任务 1　测量误差的来源与分类 (104)
任务 2　评定精度的指标 (106)
任务 3　误差传播定律 (108)

项目 10　房地产控制测量 (110)
任务 1　控制测量概述 (110)
任务 2　直线定向 (111)
任务 3　导线测量 (113)
任务 4　高程控制测量 (121)

项目 11　房地产调查 (124)
任务 1　房地产调查概述 (124)
任务 2　房屋用地调查 (126)
任务 3　房屋调查 (131)

项目 12　房地产图测绘 (138)
任务 1　地形图的比例尺 (138)
任务 2　地形图的要素 (140)
任务 3　地形图的分幅与编号 (145)
任务 4　地形图的识读 (147)
任务 5　地形图的基本应用 (149)
任务 6　房产图的基本知识 (154)
任务 7　房产图的测绘方法 (163)

项目 13　房产面积测算 (165)
任务 1　房屋面积计算规则 (165)
任务 2　房屋面积勘丈与计算 (168)
任务 3　共有建筑面积的分摊 (170)
任务 4　房屋用地面积测算的方法 (173)

项目 14　房地产测绘管理与变更测量 (176)
任务 1　房地产测绘管理 (176)
任务 2　变更测量 (179)

参考文献 (184)

项目 1 房地产测量概述

测量学是研究地球的形状和大小，测定地面点位置及高程，将地表形状及其他信息测绘成地形图的学科。

房地产测量属于专业测绘中一个很具有特点的分支。房地产测量测定的特定范围是房屋以及与房屋相关的土地。

任务 1 房地产测量定义

房地产测量是研究如何采集、处理、表述、显示、存储以及共享房屋和房屋用地的有关信息的科学和技术。房地产测量有如下几个特征：

（1）定位：房地产测量对房屋及其用地必须测定位置；

（2）定性：房地产测量应调查房屋及其用地的所有权或使用权的性质；

（3）定界：房地产测量应测定房屋及其用地的范围和界限；

（4）定量：房地产测量需测算房屋及其用地的相应面积；

（5）定质：房地产测量应调查测定评估房屋的质量；

（6）定价：房地产测量应调查测定评估房屋所在级差土地上的价值。

房地产测量与普通测量、地籍测量有相同之处，但由于其服务对象不同，其内容和要求又与普通测量和地籍测量有不同之处。房地产测量包括房地产基础测量和房地产项目测量。房地产基础测量是在大范围、大区域整体建立房地产的控制网，并测绘房地产基础图纸的工作；房地产项目测量是针对房地产权属管理、经营管理、开发管理以及在房地产管理过程中需要测绘房地产分丘平面图、房地产分层分户平面图、各产权单元的套内建筑面积、共有分摊面积、建筑面积等，以及相关的图、表、薄、册等所开展的测量活动。

我国相关法律、法规规定，从事房地产测量工作的相关企业应取得相应等级的测绘资质，方能承接房地产测量项目。2014 年，国家测绘地理信息局依据《中华人民共和国测绘法》《中华人民共和国行政许可法》等法律法规，重新修订了《测绘资质管理规定》和《测绘资质分级标准》，并规定：测绘资质分为甲、乙、丙、丁四个等级，凡申请测绘资质的单位，应当同时达到通用标准和相应专业标准的要求。

任务 2　房地产测量的目的任务及作用

　　房地产测量的研究对象是房屋及房屋用地，通过测量仪器和相应的方法获得测量数据，并予以处理、加工、存储、共享，所以房地产测量与普通测量、地籍测量所使用的仪器设备、理论、技术和方法基本相同。房地产测量与一般测量的不同之处在于它的专业性强，主要表现为：具有法律效力的行政行为；具有较高的精度要求以满足房地产管理、开发和利用；要求有配套的成果资料，包括图、表、簿、册等；要保持房地产成果资料的现势性，更新没有固定周期，当房地产要素变化后，需要及时进行变更测量。

　　针对房地产测量的特点，本书将分为两大主体部分来讲述：首先，对普通测量学的基础知识进行讲解，如地球的形状和大小、地面点位置的确定、高程测量的原理及仪器使用、角度测量的原理及仪器使用、距离测量的原理及方法、全站仪和 GNSS 的使用方法、施工放样的基本方法以及测量误差理论等内容；然后，在此基础上介绍房地产控制测量、房地产调查、房地产图测绘、房地产面积测算以及房地产测绘资料管理和变更测量。

　　本课程是一门理论联系实际非常紧密的学科，具有很强的实践性，在课程的学习中切忌死记硬背，应当在实践操作中将理论知识消化理解，所以在本课程的学习过程中一定要注重实践操作，通过实践熟悉仪器、掌握方法、贯通理论，为将来从事相关工作打下坚实的基础。

　　房地产测量的目的和任务包括以下三个部分：①通过测量确定房屋及其房屋用地的位置、权属、权界、权源、数量、质量和利用现状等，并以文字、数据及图集的形式表述出来；②为房地产管理，尤其是房屋的产权、产籍管理提供准确可靠的成果资料；③为城市规划、土地利用规划、城镇建设、市政工程和房地产开发、交易、评估、拆迁，以及征收税费、金融、保险等提供基础资料。

　　房屋是人们进行生产和生活的场所，房屋和房屋用地是人们生产和生活的基本物质要素。房地产的开发、利用、交易和管理与人们的生活密切相关，房地产业已成为国民经济的重要组成部分。房屋和房屋用地要素的数据采集和表述，必须经过房地产测量，所以房地产测量是房地产管理的重要基础。房地产测量的具体任务可简单概括为以下几项：①房产簿册，包含房产调查表、房屋用地调查表、有关产权状况的调查资料、证明及协议文件；②房地产数据集，包括房地产平面控制点成果、界址点成果、房角点成果、高程点成果、面积测算成果；③房地产图集，包括房地产分幅平面图、房地产分丘平面图、房屋分层分户图、房产证附图、房屋测量草图、房屋用地测量草图。

　　通过房地产调查、房地产控制测量、房地产要素测量和房地产面积量算以及绘制而成的房地产图集，是房地产管理工作所必需的基础资料。这些测量成果为国家相关管理部门提供准确、可靠的数据资料，也为房地产企业提供房产相关的数据信息，为其决策、销售、核算提供依据，同时也为房地产消费者提供相应的房产信息，并在买卖合同中作为具有法律效力的数据成果，因此房地产测量具有地理、法律、经济、社会服务、司法鉴定等作用，主要可归纳为以下几个方面。

1）地理作用

房地产测量为房屋和房屋用地及有关信息提供准确、合乎相关标准的地理位置数据，包括各种图形、图件。

2）法律作用

房地产测量为房地产的产权、产籍管理和房地产开发提供房屋及房屋用地的权属界址、产权面积、权源等资料。经过测绘部门逐幢调查房屋产权，逐块土地调查使用权，并经各户申请登记，最终由政府房产管理部门确认后的房地产测绘成果资料具有法律效力，是进行产权登记、产权转移和处理产权纠纷的重要依据，也是加强房地产管理、核定产权、颁发权证，保障房地产所有者和使用者的合法权益，加强社会主义法制管理的重要依据。

3）经济作用

房地产测量提供的大量准确的房产簿册、房产数据、房产图集等图样资料，为及时、正确掌握城镇房屋和土地的现状及其变化，清理公私占有的房地产数量和面积，建立产权、产籍和产业管理档案，统计各类房屋的数量和比例等，提供了可靠的依据，也为开展房地产经济理论研究奠定了坚实的基础。

房地产测量成果包括房地产的数量、质量、利用现状等资料，为进行房地产的资产评估、征收房地产税费、房地产开发、房地产交易、房地产抵押，以及保险服务等方面提供了准确的数据。

4）社会服务作用

为使城镇房地产管理适应社会主义市场经济的需要，城镇房地产管理部门和规划建设部门都必须全面了解和掌握房地产的权属、地理位置、数量、质量和现状等基本情况。只有这样，才能进行妥善的管理和科学的规划建设，更好地配置土地资源，合理地使用房屋，有计划地进行旧城区的改造和新区的规划、开发、建设。房地产测绘的资料，也是开展城镇房地产管理理论研究的重要基础资料。

房地产的核心业务主要包含房地产测量、房产预售、产权登记与交易管理、房产档案管理。从图1.1中可以看出房地产管理业务的三个阶段：预售管理阶段、存量房管理阶段、变更管理阶段。在房地产预售阶段，房地产管理部门主要进行商品房预售审批，核发商品房预售许可证，并对预售合同进行备案管理。房地产开发商要领取房地产预售许可证，必须先申请进行预售测量，测量出预售建筑面积，否则不能进行房产预售。在存量房管理阶段，房地产开发商在房屋竣工后，需要申请竣工测量，房地产管理部门审查确权后登记发放证书。在变更管理阶段，如果房产权属和现状发生变化时，需要申请变更测量，对房产重新确权发证。由此可见，房地产测量在房地产管理各个环节中都有着重要作用。

同时随着社会主义市场经济的完善和不断发展，房地产测绘也将逐步进入市场，它不仅可为房地产服务，而且也可以利用丰富的房地产测绘成果资源为城镇规划建设、市政工程、公共事业、绿化环保、治安消防、文教卫生、水利交通、财政税收、金融保险、工商管理、旅游、街道照明、上下水工程、通信、燃气供应等城镇事业提供基础资料和相关信息，从而达到信息共享的目的，避免重复测绘、重复投入，进而提高经济效益。

房地产测量

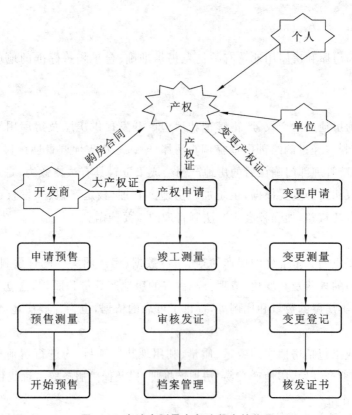

图 1.1　房地产测量在各阶段中的作用

任务 3　房地产测量的程序

一、房地产测量程序

房地产测量应当按照相应的程序来进行，不同省市、地域的规范和要求会略有不同，但总体程序一般可按如下流程进行。

1. 申请

房屋的权利人首先应以书面的形式向当地测绘部门申请房屋测绘，测绘部门接受申请后，先要对申请人提交的各种证明文件进行审查，并与房屋权利人签订测绘合同，同时与相关的房地产管理部门及有关部门取得密切的配合与协作，查找、收集有关房屋的图号、街道号、丘号、地号等资料。测绘人员要做到合同在前、测量在后，如有设计和施工变更，应及时通知测绘部门，并提供变更图纸。

2. 资料提供

合同签订后，由房屋权利人及时提供有关房屋的总平面图，建筑施工的平面、立面、剖面图和各种结构详图。如有变更，应及时提供变更图。尤其注意共有建筑面积的部位和权界线。

3．房屋调查

调查每一产权单元的权属状况，同时要调查一幢房屋内哪些是备案房屋，哪些是回迁房屋，哪些是权利人自留房屋，哪些是不被分摊的公用建筑（即公有建筑面积），调查清楚后划清权界线，并在一览表中注明。

4．测量技术设计

制定测量技术设计书，应包括测区平面控制、碎部测量分幅设计等技术内容和技术要求。

5．房地产测量

房地产测量按照测量阶段分为预售测量、竣工测量、变更测量。

预售测量是房屋主体没有完工以前，开发商为了取得销（预）售许可证并提前进行销（预）售而需要进行的房产测量，目的是进行销（预）售面积测量。这一阶段测量以设计施工图为标准。

竣工测量是房屋主体完工后，测绘部门对房屋的各部位尺寸进行实地测量。这一阶段测量以实测尺寸为准。测量两次取算术平均值作为边长值，经过边长误差分配后的边长作为实测边长，直接参与房屋面积计算。

变更测量是由于房产交易活动的开展和城市建设的快速发展，造成房产的权属变更和现状变更频繁，为了保持房产测绘成果资料的现势性和房产档案的真实性，要定期或不定期地进行房产变更测量，更新房产测绘资料。房产变更测量包括两类：房屋现状变更测量和房产权属变更测量。房屋现状变更测量是将房屋现状的变化具体反映在分幅图和分丘图上，其测量属于修测或补测，它为产权变更创造了条件。房产权属变更测量是属于产权登记证明测量，是一种政府行为的测量，所提供的产权证附图具有法律效力。

6．绘制分丘图、分层分户图

分丘图是分幅图的局部图，分户图是分丘图的细部图。一般先测绘分幅图，再据此测绘或绘制分丘图和分户图。分丘图是绘制房产权证附图的基本图，具有法律效力，是保护房屋所有权人和土地使用权人合法权益的凭证，必须以较高精度绘制。

房产分层分户图是在分丘图的基础上绘制的，以一户产权人为单位，表示房屋权属范围的细部图，其作用是明确权利界线，供核发房屋所有权证的附图使用。

7．提交房产测绘报告

房产测绘报告应对该项目的概况、测绘依据、测量仪器的使用、测量数据结果等资料进行说明。

8．资料审核

将全部房产测量资料提交至房产行政管理部门进行审核，一经确认即具有法律效力，并划归房地产档案统一管理。

二、房地产测量内容

房地产测量的内容包括以下几个方面。

1．已有资料的收集、分析和利用

该部分内容的主要工作有：收集测区范围内已有的大比例尺地形图、地籍图、影像图以及近期的航摄像片等资料图件，并对这些资料的可利用价值进行分析；收集测区内已有的控制点成果资料,包括控制点的成果数据和与之相关的文字说明等资料,并对控制点成果精度进行分析评定;收集测区内与行政区划有关的最新资料和房屋普查资料等;收集测区内的标准化地名资料等。

2. 实地踏勘和技术设计

在完成已有资料收集、分析的基础上,还需要实地进行踏勘工作,主要包括:标注工作底图,将测区范围线、主、次要街道、已有控制点及房产控制点的选点位置标绘在适当比例尺地形图上;了解测区的自然、交通、人文等方面的情况;了解和掌握测区有关房产要素和必要地形要素的基本情况;实地调查已有控制点的完好程度和房产控制点点位情况等。在完成实地踏勘的基础上,根据《房地产测量规范》以及有关技术规定和技术标准,编写技术设计书,制定具体的技术要求、实施方案等。

3. 房产平面控制测量

控制测量是进行一切测量工作的第一步,进行房产测量也必须先建立高精度、一定密度、安全可靠的平面控制网,这是进行房产测量的基础保障。平面控制网可以利用已有的、符合规范要求的成果,必要时可自行布设房产平面控制网。

4. 房产调查

房产调查的目的是通过实地详细调查,查清测区内所有房屋及其用地的位置、权属、权界、数量、质量和利用现状等基本情况以及地理名称、行政境界、政府机构名称和企事业单位名称,获得真实、可靠的第一手资料。这些资料是测量与编制房地产图件必不可少的基础资料,也是房地产档案的重要组成部分。

5. 房产图测绘

房产图测绘主要分为分幅图、分丘图、分层分户图三种,它们也应按照相应的规格和标准进行测量和绘制。由于我国各省市地区的要求不尽相同,房产图测绘时可按当地相关部门制定的规格和标准进行测绘。

6. 房产勘测与分摊计算

房产勘测是对房屋及其附属设施的边长进行测量,在特殊情况下也可用房角点坐标反算边长来代替。

房屋的面积计算包括房屋建筑面积测算、使用面积测算、套内面积测算、共有建筑面积测算及分摊等。

7. 变更测量

当房屋和房屋用地的产权发生迁移或房屋现状发生改变时,为了保证产权产籍的有效管理,保证图幅资料的现势性和房产档案的真实性,必须根据需要及时进行变更测量。

8. 检查、验收、审核

房产测量成果在测绘部门内部先进行"二检一验",即二级检查、一级验收制度。二级检查即过程检查和最终检查,过程检查由项目部组织承担,最终检查由公司质监部负责实施。一级验收由任务的委托单位组织实施,或由该单位委托具有验收资格的检验机构验收。"二检一验"合格后,由房地产行政管理部门实施最终审核。

项目 2 房地产产权产籍管理

房地产产权产籍管理是我国建立最严格的土地管理制度的重要保障,也是开征房地产保有环节税的主要依据。

房地产产权与产籍是不动产管理的前提与基础。产籍的形成是由社会发展的客观条件决定的,国家的产生是产籍产生的根本原因。产籍作为维护国家不动产制度的工具,在调节社会生产关系中起着重要作用。现代产权制度发展的一个重要成果便是在产权的法律制度中引入了产权登记制度。房地产产权产籍管理便是为了发展房地产市场、规范房地产交易、保护权利人权利而实施的国家房地产行政管理手段,房地产产权产籍管理已逐步成为一项政策性、法律性、经济性和技术性的房地产综合管理措施。

任务 1 我国不动产登记制度

一、房地产产权登记制度类型

房地产产权登记是对土地所有权、土地使用权和房屋所有权,以及房地产他物权进行登簿注册的一种法律制度。

现今,世界各国的房地产(不动产)产权登记制度基本可概括为两种形式:契据登记制、产权登记制,产权登记制又分为权利登记制和托伦斯登记制。

1. 契据登记制

契据登记是政府设专门登记机构,对经当事人订立的不动产转让契约所载内容在专设的簿册上进行登记。契约登记无强制性、无公信力,登记机关对登记的申请也只进行形式审查。权利变动以契约为生效要件,不以登记为生效要件。契据登记制度首创于法国,又称登记对抗制度。契据登记制主要施行于法国、意大利、比利时、西班牙、挪威、日本、丹麦、葡萄牙、巴西等国家及美国多数州。契据登记制的理论基础是对抗要件主义。契据登记,也称形式主义登记,是指不动产物权的变动,经当事人订立契约即发生效力,但非经登记,则不得对抗第三人。

契据登记制度的主要特点是：①自愿登记；②形式审查；③登记仅具有对抗力；④无公信力。

2. 产权登记制

产权登记制又称登记要件主义。不动产物权的设立、变更、转让，经依法登记才发生效力，未经登记则不发生效力。因为它将登记作为房地产成立的要件，所以又称登记要件主义。产权登记制又分为权利登记制和托伦斯登记制两种。

1）权利登记制

权利登记是政府设专门登记机构，对不动产的权利取得（设定）及变更进行登记，它以保护产权、便利交易为目的。权利登记属于强制性登记，登记机构对登记申请进行实质审查，登记结果具有公信力。

登记机关对登记的申请采取实质审查，即除对申请登记程序、手续是否完备进行审查外，还要对发生不动产权利的得失变更原因，以及是否能有效成立进行核查，核查认定后，方可登记。

房地产权利的取得，未经登记不产生效力，不仅不能对抗第三人，即使在当事人之间也不发生效力。权利登记制是强制性登记，具有公信力，一经登记，即具有确定效力，受到国家法律保护。权利登记不发权利证书。

权利登记制度是德国创立，又称登记要件制度。采用权利登记制度的国家有德国、瑞士、荷兰、捷克、南斯拉夫、奥地利、匈牙利、埃及，等等。

权利登记制度，又称实质主义登记，它具有以下几个特点：①实质审查；②强制登记；③登记具有公信力。

2）托伦斯登记制

托伦斯登记制是澳大利亚托伦斯爵士于1858年首创的，该制度的特点是初始登记不强制，但经登记后则强制，即不强制一切不动产必须申请登记，但任何不动产在初始登记之后发生权利转移或变更的，非经登记不产生效力。托伦斯登记具有公信力，对登记的申请要进行实质审查，凡经登记的不动产权，由政府发地券以确认产权，具有不可推翻的效力。采用托伦斯登记制的国家有：澳大利亚、英国、爱尔兰、加拿大、菲律宾、泰国、马来西亚、南非、苏丹等国家和美国少数州。

登记机关对登记的申请采取实质性审查。凡经登记的不动产权，政府发权利证书以确认产权，权利状态明确地记载在权利证书上，已登记权利如发生转移，必须在登记簿上加以记载，登记簿分为两份，权利人取得副本，登记机关保留正本。

托伦斯登记制的主要特点是：①自愿登记；②以权利证书作为房地产权利归属和房地产权利状态的证明；③错误登记负赔偿责任。

二、我国房地产登记制度

我国房地产登记以权利登记制为主，也吸收了托伦斯登记制的特点，是国家用以确立或认可房地产所有者或使用者拥有土地或房屋所有权或使用权的一项法律措施。表2.1是我国与其他国家和地区房地产产权登记制度的比较。

表 2.1　我国与其他国家和地区房地产产权登记制度比较

	中国	德国	法国	澳大利亚
登记类型	权利登记制	权利登记制	契据登记制	托伦斯登记制
物权状况	静态(总登记) 动态(变更)	静态(总登记) 动态(变更)	动态(权利变动)	静态(总登记) 动态(变更)
登记性质	强制	强制	任意	先任意 登记后强制
效力发生	登记	登记	契据	登记
公信力	有	有	无	有
登记审查	实质 (原因、事实)	实质 (原因、事实)	形式 (书面、手续)	实质 (原因、事实)
登记簿	不动产物	不动产物	人(申请次序)	不动产物
权利证书	有	无	无	有
登记赔偿	(建设中)	有(国家赔偿)	无	有(保险基金)
申报地价	有	无	无	无

房地产权属总登记是指在一定期限内,对本辖区范围(市或县)内的全部土地或者城镇全部房屋,进行普遍登记。房地产权属总登记是一种基础性的登记,是最初的、全面的土地和房屋的权属登记,其目的是确认产权。

房地产变更登记是在房地产总登记的基础上,根据房地产产权及使用状况的变更情况,随时办理的登记。房地产变更登记的内容由房地产变更的具体项目决定。

房地产权登记是房地产登记部门对各项房地产权利(主要是土地使用权和房屋所有权)进行审查、确认、发证的职能活动。

房地产权登记具有如下几个特点:①不动产登记是就不动产物权的设定、变动进行的登记;②不动产登记的客体仅限于不动产;③登记在性质上是一种公示方法。

房地产权登记的目的和意义:①保护房地产权利人的合法权益;②保证交易安全,减少交易成本;③有利于减少、解决房地产权属纠纷,维护社会安定团结;④有利于房地产行政管理和税政的落实;⑤为城市规划、建设、管理提供科学依据。

房地产权登记的基本功能:①房地产权利确认和公示功能;②房地产登记的公信功能;③保护交易安全和维护市场秩序的功能;④房地产管理和监控功能。

房地产权登记有如下几种类型:①按客体划分:土地登记和房屋登记;②按时间划分:总登记、初始登记和变更登记(日常登记);③按权利划分:所有权登记、使用权登记和他项权利登记。

任务 2 房地产产权产籍及其管理

房地产是房产和地产的总称,包括:土地、附着于土地的各种建筑物和自然物、添附于土地和建筑物之上的物及其各种权利。

房地产产权是权利人依法对其所有的房地产享有的占有、使用、收益和处分的权利,包括房屋产权和土地产权,具有严格的排他性。产权人对其所有的房地产具有完全的支配力,也承担相应的义务。我国法律规定,城市房屋的产权与该房屋占用土地的使用权实行权利人一致的原则(法律、法规另有规定的除外),不得分离。

房地产产籍是以记载房地产产权性质、权源、产权取得方式、界址,以及土地和房屋的使用状况等为主要内容的专用图、簿、册的总称,主要由房地产产权档案和房地产图纸、簿册、表卡等组成,是城镇房地产管理的基础性资料,是进行城市规划与建设、房地产经营管理,以及处理房地产产权纠纷、保护产权人合法权益的依据。

房地产产权产籍管理就是房地产行政主管部门对其辖区内的各种房地产产籍资料的收集、分类、保管和利用等活动的总称,是国家进行房地产管理的重要内容,包括旨在确认和保护产权的房地产产权管理和旨在调查、归档与查询信息的房地产产籍管理,其中,房地产产权登记制度是其核心和基础。在一定的社会经济基础条件下,房地产产权产籍管理有其特定的内容体系,且会随着社会经济的发展而变化。房地产产权产籍管理内容体系如图 2.1 所示。

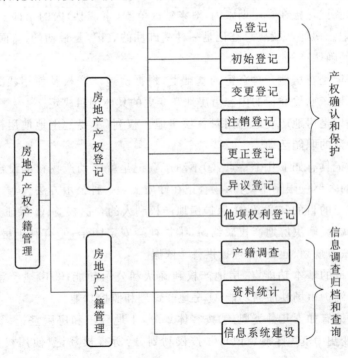

图 2.1 房地产产权产籍管理内容体系

1. 房地产产权登记

房地产产权管理实行权属登记制度,确权发证即具有法律效力。土地部门发放《国有土地使用权证》,房屋管理部门发放《房屋所有权证》。不动产权利证书是权利人享有该不动产物权的证明。不动产权属证书记载的事项,应当与不动产登记簿一致;记载不一致的地方,除有证据证明不动产登记簿有错误外,以不动产登记簿为准。本书在这里只简单介绍日常管理中常见的几种登记类型。

1) 总登记

在一定期限内,对本辖区(市或县)内的全部不动产进行的普遍性登记。总登记是一种基础性的登记,是最初的、全面的不动产权属登记,其目的是确认产权。

2) 初始登记

总登记之后,不动产权利人首次取得不动产所有权或使用权,而向登记机构提出申请而进行的登记,称为初始登记。在我国,初始登记行为主要表现为:新购房产申请房屋所有权第一次登记;以划拨、出让或其他方式获得国有土地使用权申请国有土地使用权第一次登记;依法获得集体土地使用权申请集体土地使用权第一次登记等。

3) 变更登记

初始登记后,不动产因各种法律行为和客观情况而发生标的物分割或合并、产权的移转或限制等变化,而向登记机关提出申请,要求变更登记记载事项或原有权利而发生的登记,称为不动产变更登记。房地产变更登记是在总登记、初始登记的基础上,根据不动产产权及使用状况发生变更的情况,随时办理的日常性登记,通过登记,公示原权利人丧失权利和新权利人取得权利。

4) 注销登记

注销登记是因某种原因而导致产权人登记的权利消灭,登记机关依法注销其登记簿上的权利的一种登记。注销登记是不动产登记制度的重要组成部分。在不动产登记制度中,从总登记、初始登记,到变更登记,再到注销登记,是一次登记的完整过程,其他登记是这期间的特殊登记形式。

5) 更正登记

更正登记是对错误的登记行为或内容进行更正的登记。权利人或利害关系人可自行申请更正登记,或登记机关依法直接更正。

6) 异议登记

异议登记是指利害关系人对不动产登记簿上有关权利主体、内容的正确性提出不同意见的登记。异议登记的目的是限制不动产登记簿上的权利人的权利,以保障提出异议登记的利害关系人的权利。申请人于异议登记之日起 15 日内不起诉,则异议登记失败。

7) 他项权利登记

他项权利登记是指设定抵押、典权等他项权利而进行的登记,具体包括:现房抵押、在建工程抵押、预购商品房抵押和房屋典当。他项权利登记有利于保护抵押权人的合法权益。当抵押人不能履行约定义务,抵押权人可以依照规定将变卖抵押物的价款优先受偿。通过不动产登记机关对抵押事实进行登记,可以对抵押人任意处分抵押物的权利进行限制。

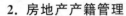

2. 房地产产籍管理

1) 产籍调查

产籍调查是核实房地产的权属和利用状况,为产权登记、加强房地产管理及其合理利用提供基础资料和数据的一项法律措施。产籍调查的成果资料,经登记后,具有法律效力。

产籍调查可以分为地籍调查和房籍调查。地籍调查是通过土地权属调查和地籍测量,查清每一宗土地的位置、权属、界线、数量、价值和用途等基本情况,为进行土地登记奠定基础。房籍调查是通过房屋权属调查,查清房屋位置、种类、结构、条件、用途、建筑面积和使用面积等,为房屋产权登记和物业管理提供可靠的依据。

产籍调查的主要任务是:①为产权登记提供法律依据;②为合理利用土地和使用房屋提供基础资料;③为房地产的科学管理奠定基础;④为国家编制计划和宏观调控提供科学依据。

2) 资料统计

产籍资料主要包括不动产产权档案和不动产图纸、簿册、表卡等。不动产产权档案主要包含在登记中形成的各种产权证明文件和历史资料等,如《国有土地使用权证》《房屋所有权证》《房屋共有权证》《房屋他项权证》等。不动产产权档案记录了产权的原始取得和以后的历史变更等情况。不动产图纸主要包含反映不动产的地理位置、占地面积、建筑面积、内部结构等的专题地图,如地籍图、宗地图、分幅平面图、分丘平面图、分层分户图等。簿册、表卡用来存储涉及登记的簿册与图表,如申请书、产权登记收件簿、权属调查表、归户卡、登记卡等。

3) 信息系统建设

房地产产籍管理是对不动产产权档案、图纸、表卡等反映产权现状和历史情况的资料进行加工、整理、分类,即运用科学方法进行综合管理。随着科学和技术的发展,以及计算机的普及和应用,房地产产籍管理也由传统的手工登记发证、人工档案管理向 OA(办公自动化)、MIS(管理信息系统)、WFS(工作流技术)、GIS(地理信息系统)方向发展,信息化管理已是不可阻挡的趋势。

房地产产权产籍管理中产权管理和产籍管理是密切联系、互相依存、互相促进的两项工作。产权管理是产籍管理的基础,没有产权调查、产权登记、产权确定,就不能形成完整、准确的产籍资料。产籍资料记录了各类房地产的权属及其基本情况,这些资料是审查权属、房地产权界,以及处理各类产权纠纷的重要依据。因此,房地产产权管理和产籍管理是一个有机的整体,二者不可分割,不可偏废。

3. 房地产产权产籍管理的任务

房地产产权产籍管理的主要任务有以下三项:

(1) 做好房地产权属登记、确权、发证工作;

(2) 做好房地产测绘工作;

(3) 做好房地产产籍管理工作。

除了以上三项任务,房地产产权产籍管理工作还要为征地、拆迁房屋、落实私房政策的房产审查和处理纠纷提供依据。

4. 房地产产权产籍管理的目的

1) 保护房地产权利人的合法权益

保护房地产权利人的合法权益是房地产产权产籍管理的根本目的和出发点。加强房地产产权产籍管理工作,就是要及时、准确地对房地产权属进行登记、审查、确权并发放房地产权属证书。凡经房地产管理部门确认并颁发房地产权属证书的房地产,其权利人在房地产方面的权利都将受到保护。

2) 房地产产权产籍管理是房地产管理的基础工作

房地产的发展离不开房地产产权产籍管理工作。房地产开发和住宅建设,需要房地产产权产籍管理部门提供建设区域内的土地和原有房屋的各种资料,以便合理地规划建设用地,妥善安置原有住户,并依法按照有关规定对拆迁的房屋给予合理补偿。房地产的买卖、转让、租赁、抵押等活动,也涉及房地产权属及自然状况的相关信息。另外,房地产服务(如小区管理、物业、修缮等后期服务工作)也需要房地产产权产籍管理部门提供相应的资料。可以说,房地产产权产籍管理贯穿房地产开发、建设、使用的全过程,其为城市建设、城区改造、市政工程、道路交通、绿化环保等方面提供不可或缺的数据基础和科学依据。

5. 房地产产权产籍管理的原则

1) 房屋所有权与该房屋所占用的土地使用权实行权利主体一致的原则

房屋所有权人和该房屋占用的土地使用权人,必须同属一人(包括自然人和法人),法律、法规另有规定的除外。在办理房地产产权登记时,如发现房屋所有权人与该房屋占用的土地使用权人不一致时,应查明原因,一时无法查清的,暂不予办理登记手续。

2) 房地产产权产籍的属地管理原则

房地产产权产籍管理执行属地管理原则,即只能由市(县)房地产管理部门负责所辖区范围内的房地产产权产籍管理工作;房地产权利人也只能到房屋所在地的市(县)房地产管理部门办理产权登记。

项目 3 测量学基础

本项目主要介绍测量学的概念、分类及确定地面点位置的坐标系统,并讨论地球曲率对测量工作的影响。

任务 1 测量学简介

一、测量学概述

测量学是测绘学科中的一门基础课程,其提供的地形信息(地面点位的空间位置和属性)广泛应用于城市规划、房地产开发、工程建筑设计等工作中。从广义来讲,测量学是研究地球的形状、大小和地面点位的学科,并对其属性进行测定、采集和表达,主要内容分为测定和测设。测定是将地球表面的地形通过测量和计算,得到一系列测量数据或缩绘成地形图。测设是把图纸上规划设计好的建筑物、构筑物的位置在地面上标定出来,并作为施工的依据。

二、测量学分类

根据研究范围和对象的不同,测量学可分为如下五个学科。

1. 大地测量学

大地测量学是研究和测定整个地球的形状和大小,以及重力场变化和地面点位的理论和技术的学科。

2. 摄影测量与遥感学

摄影测量与遥感学是研究利用摄影或遥感的手段来测定目标物的形状、大小和空间位置的学科。

3. 地图制图学

地图制图学是研究地图的基础理论及地图的设计、编绘的方法和应用的学科,一般包括地图投影、地图编制、地图整饰和地图制印。

4. 海洋测量学

海洋测量学是研究以海洋和陆地水域为对象所进行的测量和制图工作的学科。

5. 工程测量学

工程测量学是研究各种工程建设在设计、施工和管理阶段所需测量工作的理论和技术的学科。

本书主要介绍部分工程测量学的内容及房地产测量的相关理论。在相关规定的前提下,房地产测量是指通过测量仪器采集和表述房屋及其用地信息。这将为房地产的开发、管理及城镇规划建设提供必要的数据和资料。

任务 2 地面点位置的确定

确定一系列地面点的平面位置和高程是测量工作中的基本任务之一,地球的形状和大小又与测量工作密不可分。

一、地球的形状和大小

地球的自然表面可以看作是一个不规则的曲面,其海洋面积约占 71%,因此可以认为地球是一个由水体包围的球体,静止状态下的海水面称为水准面。由于受到潮汐、风浪等影响,水准面并不唯一。通常将与平均海水面相吻合的水准面称作大地水准面,如图 3.1 所示。水准面的特性是处处与铅垂线垂直,但地球内部质量的不均匀分布使得各点的铅垂线方向产生不规则变化,因此,大地水准面无法用确定的数学公式表达。

将大地水准面所包围的形体称为大地体。为了便于测量数据的计算及处理,选用一个与地球形状、大小最接近,且可用数学式表达的规则球体(即旋转椭球体)来代表地球的形状,这样的椭球体称为参考椭球体。通常将参考椭球体面作为严格意义上的测量计算基准面。

如图 3.2 所示,确定旋转椭球体形状大小参数的是椭圆的长半径 a 和短半径 b,则扁率可表示为 $\alpha = \dfrac{a-b}{a}$。表 3.1 列出了几个著名的椭球体。我国的 1954 年北京坐标系采用的是克拉索夫斯基椭球,1980 国家大地坐标系采用的是 1975 国际椭球,而全球定位系统(GPS)采用的是 WGS-84 椭球。由于参考椭球的扁率很小,在小区域的普通测量中可将地(椭)球看作圆球,其半径为 6 371 km。

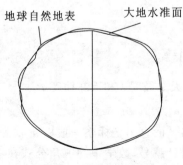

图 3.1 地球自然表面

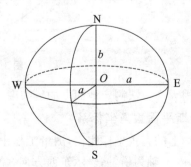

图 3.2 旋转椭球体

表 3.1 椭球体及其参数

椭球名称	长半轴 a/m	短半轴 b/m	扁率 α	计算年代和国家	备注
贝塞尔	6377397	6356079	1∶299.152	1841 年/德国	
海福特	6378388	6356912	1∶297.0	1910 年/美国	1942 年国际第一个推荐值
克拉索夫斯基	6378245	6356863	1∶298.3	1940 年/苏联	中国 1954 年北京坐标系采用
1975 国际椭球	6378140	6356755	1∶298.257	1975 年/国际第三个推荐值	中国 1980 年国家大地坐标系采用
WGS-84	6378137	6356752	1∶298.257	1979 年/国际第四个推荐值	美国 GPS 采用

二、地面点位置的确定

测量工作中,点的空间位置常采用球面或平面坐标和高程来表示,因此,需要建立各种坐标系统和高程系统。

1. 大地坐标系

大地坐标系以参考椭球面为基准面,用大地经度 L 和大地纬度 B 表示地面点的球面位置,沿椭球面的法线计算该点的大地高 H,则由大地坐标 L、B、H 即可确定该地面点在大地坐标系中的空间位置。如图 3.3 所示,包含地面点 P 的法线且通过椭球旋转轴的平面称为 P 的大地子午面。过 P 点的大地子午面与起始大地子午面所夹的两面角就称为 P 点的大地经度 L,其值分为东经 0°~180°和西经 0°~180°;过点 P 的法线与椭球赤道面所夹的线面角就称为 P 点的大地纬度 B,其值分别为北纬 0°~90°和南纬 0°~90°。点位在椭球面之上,大地高 H 取正,反之取负。

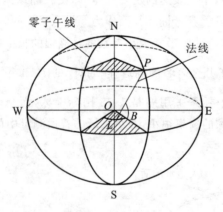

图 3.3 大地坐标系

若采用天文方法测定地面点的经纬度,分别称为天文经度 λ 和天文纬度 φ。

2. 高斯平面直角坐标系

与数学上的直角坐标相比,测量工作中所采用的平面直角坐标系一般以 x 轴为纵轴,表示南北方向,以 y 轴为横轴,表示东西方向,象限为顺时针编号,数学中的三角公式在测量坐标系中完全适用。在实际测量工作中,一般采用平面直角坐标代替以角度为度量单位的球面坐标来表示地面点的平面位置,因此需用地图投影的方法将球面上的大地坐标转换为平面直角坐标。目前,我国采用的是高斯-克吕格投影(简称为高斯投影)。高斯投影是一种横轴等角切椭圆柱投影,该投影解决了将椭球面转换为平面的问题。从几何意义上看,高斯投影就是假设一个椭圆柱横套在地球椭球体外并与椭球面上的某一条子午线相切,这条相切的子午线称为中央子午线。若在椭球体中心放置一个光源,通过光线将椭球面上一定范围内的物象映射到椭圆柱的内表面上,然后将椭圆柱面沿一条母线剪开并展成平面,即可获得投影后的平面图形,如图3.4所示。

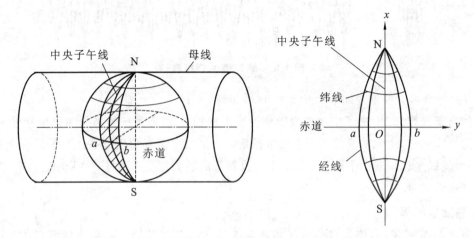

图 3.4 高斯投影概念

高斯投影虽然使球面图形的角度和平面图形的角度保持不变,但任意两点间有长度变形和面积变形,即:离中央子午线越远,变形就越大。在测量中多采用分带投影法,即将投影区域限制在中央子午线两侧一定范围,按经线划分成投影带,如图3.5所示。投影带一般分为6°带和3°带两种,如图3.6所示。

1) 6°带投影

从英国格林尼治子午线开始,自西向东,每隔经度6°分为一带,将地球分成60个带,其编号分别为1,2,…,60。任一6°带的中央子午线经度可用下式计算

$$L_6 = (6n-3)° \tag{3-1}$$

式中,n 为6°带的带号。

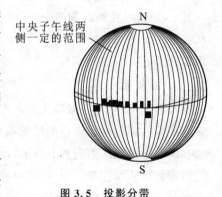

图 3.5 投影分带

6°带的最大变形在赤道与投影带最外一条经线的交点上,长度变形为0.14%,面积变形为0.27%。

2) 3°带投影

在6°带的基础上划分,每3°为一带,共120带。其中央子午线在奇数带时与6°带中央子午线重合,任一3°带的中央子午线经度可用下式计算

$$L_3 = (3n')° \tag{3-2}$$

式中,n' 为3°带的带号。

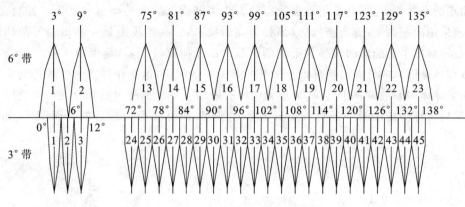

图 3.6　6°带和3°带投影

3°带的边缘最大变形现缩小为长度0.04%,面积0.14%。

利用高斯投影,以中央子午线的投影作为纵坐标轴 x,以赤道的投影作为横坐标轴 y,两轴的交点为坐标原点,由此构成的平面直角坐标系称为高斯平面直角坐标系。为了使 y 坐标均为正值,一般使纵坐标轴向西平移500 km(半个投影带的最大宽度不超过500 km),并在 y 坐标前加上投影带的带号。

3. 独立坐标系

当测区的范围较小,能够忽略该区地球曲率的影响并将其地表一小块球面当作平面看待时,可在此平面上建立独立的直角坐标系。为避免坐标出现负值,一般选定子午线方向为坐标纵轴 x,原点设在测区的西南角,用坐标 (x,y) 来表示测区内任一地面点。需要指出的是,为满足实际工程需要,这样的独立坐标系可以与国家或城市统一的坐标系进行联测,并实现坐标换算。

4. 高程系

在测量工作中,一般以大地水准面作为高程起算的基准面。地面上任一点沿铅垂线方向到该基准面的距离称为该点的绝对高程或海拔,简称高程,用 H 表示。此外,也可临时假定一个水准面作为该地区的高程起算面,地面点沿铅垂线至假定水准面的距离,称为该点的相对高程或假定高程。如图3.7所示,图中的 H_A、H_B 分别表示地面上 A、B 两点的高程,H'_A、H'_B 分别为地面上 A、B 两点的假定高程。

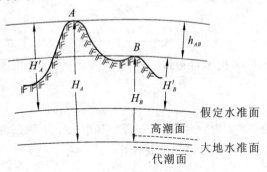

图 3.7　地面点的高程

一般将地面上两点之间的高程之差称为高差,用 h_{AB} 表示。例如,A 点至 B 点的高差可写为:

$$h_{AB}=H_B-H_A=H'_B-H'_A \tag{3-3}$$

任务 3 地球曲率对测量工作的影响

前面已经提到,水准面是一个曲面,将其投影到平面上必然会产生变形。然而在实际测量工作中,若测区范围不大且满足一定的测量精度时,往往是可以用水平面直接代替水准面的。下面将讨论水平面代替水准面对测量距离和高程的影响。

一、地球曲率对测量距离的影响

如图 3.8 所示,A、B 两点间为水准面上的一段圆弧,长度为 S,投影到水平面的直线距离为 t。设弧 AB 所对圆心角为 θ,地球半径为 R,以水平长度代替曲面长度在距离方面将产生误差 ΔS,由图 3.8 可得

$$\Delta S=S-t=R\cdot\theta-R\tan\theta \tag{3-4}$$

将 $\tan\theta$ 利用级数展开,略去三次方,结合 $\theta \leqslant \dfrac{S}{R}$ 整理得

$$\Delta S=\frac{1}{3}\left(\frac{S}{R}\right)^3$$

$$\frac{\Delta S}{S}=\frac{1}{3}\left(\frac{S}{R}\right)^2 \tag{3-5}$$

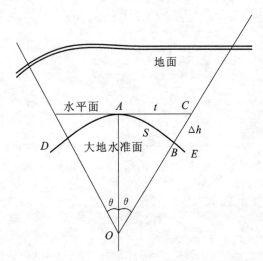

图 3.8 地球曲率对测量距离的影响

当水平距离为 10 km 时,以水平面代替水准面所产生的距离误差为距离的 1/1 217 700,因此在半径为 10 km 的范围内可以不考虑地球曲率,直接以水平面代替水准面且其测量误差可忽

略不记。

二、地球曲率对测量高程的影响

如图 3.8 所示，A、B 两点均位于水准面上，二者高程相等。将 B 点投影到水平面上得到 C 点，以水平面代替曲面在高差方面将产生误差 Δh，由图 3.8 可得

$$(R+\Delta h)^2 = R^2 + t^2 \tag{3-6}$$

$$\Delta h = \frac{t^2}{2R+\Delta h} \tag{3-7}$$

用 S 代替 t，同时考虑 Δh 与地球半径 R 的比值可忽略不计，故(3-7)式可写成

$$\Delta h = \frac{S^2}{2R} \tag{3-8}$$

当 $S=10$ km 时，$\Delta h = 7.8$ m；当 $S=100$ m 时，$\Delta h = 0.78$ mm。

因此，测量高程时，应顾及地球曲率对高差的影响，即使在很短的距离内也必须加以考虑。

项目 4 水准测量

实际的测量工作中,总是需要测定一系列地面点的高程。按照测量仪器和方法的不同,高程测量有三角高程测量、GNSS 高程测量和水准测量,其中,水准测量是高程测量中最常用的方法。本章主要介绍水准测量的基础理论、仪器和方法。

任务 1 水准测量原理

一、水准测量的基本概念

水准测量的基本原理是在地面两点(高程已知)处分别竖立水准尺,借助水准仪提供的水平视线,测定两点之间的高差,根据已知点的高程来推算待求点的高程。如图 4.1 所示,已知 A 点处的高程为 H_A,求 B 点的高程 H_B,在 A、B 两点分别竖立水准尺,同时在 A、B 两点之间安置一架水准仪,当水准仪视线水平时,在 A、B 两点的标尺上分别读得读数 a 和 b,则 A、B 两点的高差 h_{AB} 等于两个标尺读数之差,即

$$h_{AB} = a - b \tag{4-1}$$

如果 A 点为已知高程的点,B 点为待求高程的点,则 B 点的高程为

$$H_B = H_A + h_{AB} \tag{4-2}$$

设水准测量方向是由 A 点向 B 点进行的,将 a 称为后视读数,A 点为后视点;读数 b 为前视读数,B 点为前视点,因此两点间高差为后视读数减去前视读数。若后视读数大于前视读数,表示 B 点高于 A 点,那么高差 h_{AB} 的值为正值,反之则为负。图 4.1 中测量由 A 点向 B 点方向进行,高差用 h_{AB} 表示,其值为正;反之由 B 点向 A 点方向进行,则高差用 h_{BA} 表示,其值为负。因此,测量高差时,必须标明高差的正负号并说明测量进行的方向。

如图 4.1 中,B 点高程除由(4-2)式利用高差来计算外,也可用水准仪的视线高程来计算。设视线高程为 H_i,有

$$H_i = H_A + a \tag{4-3}$$

则 B 点高程等于视线高程减去前视读数,即

$$H_B = H_i - b = H_A + a - b \tag{4-4}$$

房地产测量

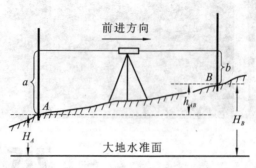

图 4.1 水准测量原理

二、水准测量和水准路线

若两点相距较远、高差较大或不能通视时,可沿一条路线进行测量,这条路线称为水准路线。在测量过程中,根据实际需要加设的若干临时立尺点,称为转点。如图 4.2 所示,立标尺的转点 $1,2,\cdots,i$ 可起到传递高程的作用,依次安置水准仪,置仪器的点 $Ⅰ,Ⅱ\cdots$ 称为测站,每相邻两水准点间称为一个测段。此时,两点的高差等于连续各段高差的代数和,也等于后视读数之和减去前视读数之和。

$$h_{AB} = \sum_{i=1}^{n} h_i = \sum_{i=1}^{n} (a_i - b_i) \tag{4-5}$$

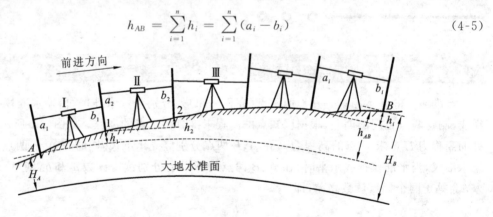

图 4.2 水准测量

任务 2 水准测量仪器和工具

水准仪是进行水准测量的主要仪器,它分为微倾式水准仪和自动安平水准仪。微式水准仪是利用水准管来获得水平视线的;自动安平水准仪则是利用自动补偿器来获得水平视线,测量人员通过望远镜对水准尺上的分划进行读数和记录。此外,还有新型水准仪可以使测量更加方便、快捷,如电子水准仪、激光水准仪等,可利用条形码水准尺或仪器的广电扫描进行读数,其置平方式是自动安平式。

和水准仪配套使用的还有水准尺和尺垫。水准尺是用优质木材或铝合金材料制成,长度有

2 m、3 m 和 5 m 几种。最常用的有直尺、塔尺和和折尺三种(见图 4.3)。

塔尺和折尺多用于普通水准测量,便于伸缩携带,但接合处容易产生误差,直尺则较坚固、可靠。水准尺的尺面上绘有 1 cm 或 5 mm 黑白相间的分格,米和分米处注有数字标记。另外,用于较高等级的水准测量的水准尺中还有双面尺,双面尺是一面为黑白相间刻度另一面为红白相间刻度的直尺,每两根为一对。两根的黑面都以尺底为零,而红面常用的尺底刻度分别为 4.687 m 和 4.787 m。双面尺可用于检核测量数据。

尺垫用于水准路线中需要设置转点的地方,防止测量过程中立尺点下沉对读数产生的影响,多用钢板或铸铁制成(见图 4.4)。使用时,把三个尖脚踩入土中,并将水准尺立在突出的圆顶上。

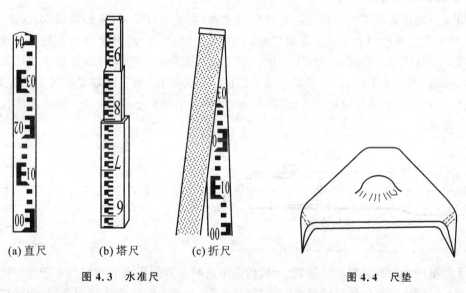

(a) 直尺　　(b) 塔尺　　(c) 折尺

图 4.3　水准尺　　　　　　　　图 4.4　尺垫

一、DS_3 微倾式水准仪的构造

DS_3 微倾式水准仪主要由三部分构成:望远镜、水准器和基座。如图 4.5 所示为 DS_3 微倾式水准仪的外形及外部构件。

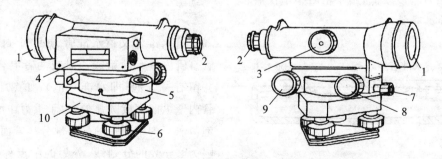

图 4.5　DS_3 微倾式水准仪的构造

1—物镜;2—目镜;3—调焦螺旋;4—管水准器;5—圆水准器;6—脚螺旋
7—制动螺旋;8—微动螺旋;9—微倾螺旋;10—基座

望远镜可以提供水平视线,它与管水准器和仪器的竖轴联结成一体,竖轴插入基座的轴套

内,使望远镜和管水准器在基座上绕竖轴旋转。水准器用于指示仪器或视线是否处于水平位置。基座用于置平仪器并支撑仪器的上部使其可在水平方向转动。基座上有三个脚螺旋,调节脚螺旋可使圆水准器的气泡移至中央,使仪器粗略整平。制动螺旋和微动螺旋用来控制望远镜在水平方向的转动。制动螺旋松开时,望远镜能自由旋转;制动螺旋旋紧时,望远镜则固定不动。旋转微动螺旋可使望远镜在水平方向缓慢转动,前提是制动螺旋必须旋紧,微动螺旋才能起作用。旋转微倾螺旋可使望远镜连同管水准器做俯仰微量的倾斜,从而可使视线精确整平。这种水准仪称为微倾式水准仪。下面对微倾式水准仪的望远镜和水准器的构造性能进一步说明。

1. 望远镜的构造及性能

水准仪上的望远镜可用于瞄准远处目标和读数,主要由目镜、目镜调焦螺旋、物镜、物镜调焦螺旋、物镜调焦透镜和十字丝分划板组成,如图 4.6 所示。一般将物镜光心与十字丝中心交点的连线称为视准轴。望远镜中的十字丝分划板刻在玻璃片上的同时被安装在望远镜筒内靠近目镜的一端,如图 4.7 所示,十字丝中间的长横丝称为中丝,用于读取水准尺上的分划读数;十字丝上、下两根较短的横丝称为上、下视距丝,简称为上丝和下丝,可用于测定水准仪与水准尺之间的距离。

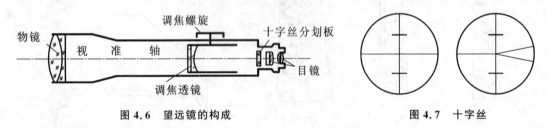

图 4.6 望远镜的构成　　　　　　图 4.7 十字丝

为了能准确地照准目标和读数,望远镜内必须同时能看到清晰的物像和十字丝。转动目镜调焦螺旋可以使十字丝成像最清晰,转动物镜调焦螺旋,改变调焦透镜的位置,从而能在望远镜内清晰地看到十字丝和所要观测的目标。

2. 水准器的构造及性能

水准器是水准仪的重要组成部分,分为管水准器和圆水准器。前者精度较高,用于精确整平仪器;后者精度较低,用于粗略整平仪器。

1) 管水准器

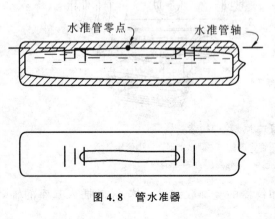

图 4.8 管水准器

管水准器又称水准管,是一个封闭的玻璃管。管内盛有酒精或乙醚或两者混合的液体,并留有一气泡(即水准气泡),如图 4.8 所示。管内壁纵向磨成圆弧形,由于重力作用,水准气泡恒居于内壁圆弧的最高部分。管面上刻有间隔为 2 mm 的分划线,分划的中点称为水准管的零点。过零点与管内壁在纵向相切的直线称为水准管轴。当气泡的中心点与零点重合时,水准气泡居中。此时,水准管轴位于水平位置且视线水平。

水准管上一格(2 mm)所对应的圆心角称为水准管的分划值。水准仪上水准管的分划值为$10''\sim20''$,水准管的分划值越小,视线置平的精度越高。同时,水准管的置平精度还与其研磨质量、液体性质和气泡长度有关。一般将能够使气泡移动 0.1 格时,水准管轴所变动的角值称为水准管的灵敏度。为了提高判断气泡居中的精度,在水准管的上面安装一套棱镜组,如图 4.9 所示。当两端各有半个气泡的影像被反射到一起成圆弧状时,则表示水准气泡居中。

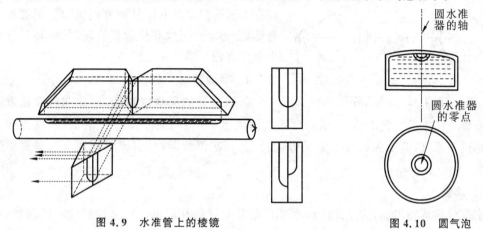

图 4.9 水准管上的棱镜　　　　　　　　　图 4.10 圆气泡

2) 圆水准器

圆水准器是一个封闭的圆形玻璃容器,顶盖的内表面为一球面,其内盛有乙醚类液体并留有一小圆气泡,如图 4.10 所示。容器顶盖中央刻有一小圈,小圈的中心是圆水准器的零点。通过零点的球面法线称为圆水准轴。由于重力作用,当气泡居中时,圆水准轴位于铅垂位置。圆水准器的分划值是顶盖球面上 2 mm 弧长所对应的圆心角值,一般角值为 $8'\sim15'$,圆水准器灵敏度较低,常用于粗略整平仪器。

二、DS_3 微倾式水准仪的操作

微倾式水准仪的操作步骤一般分为五步:安置水准仪,粗略整平,瞄准目标,精确整平,读数。

1. 安置水准仪

安置水准仪前,首先打开三脚架,然后用中心连接螺旋将水准仪连接到三脚架上。安置三脚架时,注意高度适当、架头大致水平并牢固稳妥。在山坡上安置三脚架时,应使三脚架的两脚在坡下一脚在坡上。取水准仪时,必须握住仪器的坚固部位,并确认水准仪已牢固地连结在三脚架上之后才可放手。

2. 粗略整平

仪器的粗略整平是借助三个脚螺旋使圆水准器的气泡居中。首先,调节任意两个脚螺旋使气泡移到通过圆水准器零点并垂直于这两个脚螺旋连线的方向上;然后,用第三个脚螺旋使气泡居中,从而使整个仪器置平。如气泡仍有偏离,可重复进行上述步骤。注意:气泡移动的方向始终和左手大拇指移动的方向一致,如图 4.11 所示。

3. 瞄准目标

用望远镜照准目标,使十字丝和水准尺成像清晰。首先调节目镜使十字丝清晰,其次利用望远镜上的准星从外部瞄准水准尺,然后旋转调焦螺旋使尺像清晰,最后用微动螺旋使十字丝

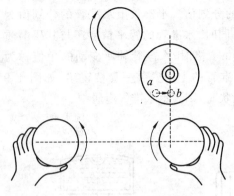

图 4.11 粗略整平

竖丝照准水准尺。当照准不同距离处的水准尺时,需重新调节调焦螺旋才能使尺像清晰,但十字丝可不必再调。

为确保水准尺的读数精确,照准目标时必须要消除视差,即观测时把眼睛稍做上下移动,如果尺像与十字丝有相对移动的现象,即读数有所改变,则表示视差存在。消除视差的方法是调节目镜调焦螺旋和物镜调焦螺旋,直至十字丝和尺像都清晰,且不再出现尺像和十字丝有相对移动为止。

4. 精确整平

圆水准器的灵敏度较低,因此在每次读数前必须用微倾螺旋使水准管气泡居中,从而使视线精确整平。由于微倾螺旋旋转时,经常改变望远镜和竖轴的关系,因此望远镜每次变动方向后,即每次读数前,都需要重新调节微倾螺旋使气泡居中。

5. 读数

水准仪精确整平后,应立即读取水准尺的分划读数并记录。每个读数应有四位数,从尺上可读出米数、分米数和厘米数,然后估读出毫米数且零不可省略,如 1.050 m、0.047 m 等。读数前应先认清水准尺的分划,熟悉水准尺的读数方法。为得出正确读数,在读数前后都应该检查水准管气泡是否仍然居中。

任务 3　普通水准测量

一、水准点和水准路线

1. 水准点

水准点分为永久性和临时性两种,一般应埋设稳固、能长期保存且便于观测。在水准测量中,已知高程控制点和待定高程控制点都称为水准点,记为 BM。我国的水准原点设在青岛,高程为 72.260 m。

国家级永久性水准点如图 4.12(a)所示,一般用石料或混凝土制成标石,埋到地面冻土以下,顶面镶嵌不易锈蚀材料制成的半球形标志,其顶部高程即为该点的高程。也可以用金属标志埋设于稳固的建筑物墙脚上,称为墙上水准点。

临时性水准点可利用地面上突出稳定的坚硬岩石、门廊台阶角等,用红色油漆标注;等级较低的永久性水准点,制作和埋设均可简单一些,如图 4.12(b)所示。也可以用木桩、钢钉等打入地面,并在桩顶标记点位,如图 4.12(c)所示。

2. 水准路线

水准测量前应根据要求布置并选定水准点的位置,综合考虑待定点的分布情况和实际需要布设水准路线。水准路线一般有以下几种形式。

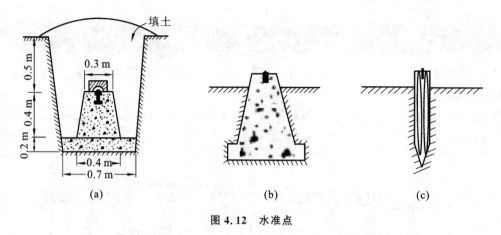

图 4.12 水准点

1) 附合水准路线

水准测量从一个已知高程的水准点开始,最后附合到另一已知高程的水准点,这种路线称为附合水准路线。沿这种路线进行水准测量,测得的各相邻水准点间的测段高差总和在理论上应等于两端已知点的高差,这可以作为观测成果正确性的检核条件,如图 4.13(a)所示。

2) 闭合水准路线

水准测量从一个已知高程的水准点开始,最后又闭合到这个水准点,这种路线称为闭合水准路线。各相邻测段的高差总和在理论上应该等于零,这可以作为观测成果正确性的检核条件,如图 4.13(b)所示。

3) 支水准路线

水准测量从一个已知高程的水准点开始,最后既不附合也不闭合到已知高程的水准点上,这种水准路线称为支水准路线。由于检核条件的缺失,必须进行往返测或每站高差进行两次观测,从而检核测量成果,如图 4.13(c)所示。

当几条附合水准路线、闭合水准路线或支水准路线连接在一起时,就形成了水准网,如图 4.13(d)、图 4.13(e)所示。水准网可使检核条件增多,从而提高测量成果的精度。

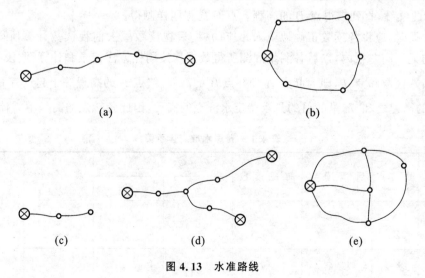

图 4.13 水准路线

二、水准测量的施测

在实际测量工作中,水准点之间都有一定的距离,因此应先拟定水准路线,埋设水准点标石,并绘制点之记。

设点 A 的高程已知,点 B、点 C 为待求高程的水准点。普通水准测量施测方法如图 4.14 所示。

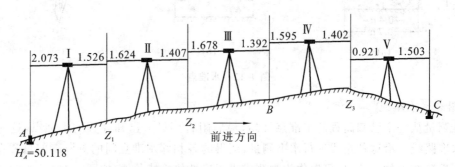

图 4.14 普通水准测量的施测

(1)在已知高程的起始点 A 上竖立水准尺,若 A、B 两点间存在距离较远、不通视或高差较大等情况,可在测量前进方向上设立转点。首先在距点 A 不超过 200 m 处设立第一个转点 Z_1,放置尺垫并竖立水准尺。在两点间中间位置处 Ⅰ 安置水准仪,粗略整平仪器后,先照准起始点 A 上的水准尺,调节微倾螺旋使管水准气泡居中后,读取点 A 的后视读数;然后照准转点 Z_1 上的水准尺,再次调整管水准气泡居中后,读取点 Z_1 的前视读数。将后前视读数均记入手簿(见表 4.1)中,并计算出这两点间的高差。

(2)保持转点 Z_1 处的水准尺不动,仅将尺面转向前进方向,在点 A 的水准尺竖立在转点 Z_2 处,Ⅰ 处的水准仪迁至与 Z_1、Z_2 两转点等距离的 Ⅱ 处。按第 Ⅰ 站同样的步骤和方法读取后视读数和前视读数,并计算出高差。

(3)如此继续,直到求得点 B 的高程。点 C 高程同样测得。

记录数据时,应将各读数正确地填入相应的栏。后视读数减去前视读数计算所得的每站两点的高差均记入高差栏内,以后各测站观测所得数据均按同样方法记录和计算。测段 AB 间各测站所得的高差代数和 $\sum h$,即为起点 A 到终点 B 的高差。终点 B 的高程等于起点 A 的高程与点 A、点 B 间的高差之和。测量的目的是求待定水准点的高程,因此各转点的高程不需计算。

表 4.1 普通水准测量手簿 单位:m

测站	测点	后视读数	前视读数	高差 +	高差 −	高程	备注
Ⅰ	A Z_1	2.073	1.526	0.547		50.118	点 A 高程已知
Ⅱ	Z_1 Z_2	1.624	1.407	0.217			

项目 4
水准测量

续表

测站	测点	后视读数	前视读数	高差 +	高差 −	高程	备注
Ⅲ	Z_2 B	1.678	1.392	0.286		51.168	
$\sum$		5.375	4.325	1.050			
计算检核		$\sum a - \sum b = 1.050$（m）		$\sum h = 1.050$（m）		$H_B - H_A = 51.168$（m）	

为了保证水准测量成果的准确性,内业需对水准测量的成果进行检核。在这里介绍两种主要的检核方法:计算检核和测站检核。

1. 计算检核

每一测段结束后要进行计算检核,即检核后视读数之和与前视读数之和的差($\sum a - \sum b$)是否等于各站高差之和($\sum h$)。若不等,则需要重新计算。

2. 测站检核

若在某一测站上仪器操作或读数有误,会使高差观测值的正确性受到影响,因此,在每个测站上均应对观测结果进行检核,一般有双仪器高法和双面尺法两种。

1) 双仪器高法

在每个测站上测得一次两点间的高差后,改变一下水准仪的高度,再次测量两点间的高差。对于一般水准测量而言,当两次所测高差之差小于 5 mm 时,取其平均值作为该测站所得高差,否则应进行检查或重测。

2) 双面尺法

利用双面水准尺分别用黑面和红面进行高差观测,若两个高差之差符合限差,则取其平均值作为该测站的高差,否则应进行检查或重测。

任务 4 三、四等水准测量

三、四等水准测量较普通水准测量的精度较高,可用于建立小地区首级高程控制点,也可用于国家高程控制点的加密。本节主要介绍四等水准测量的技术要求及施测方法。

一、三、四等水准测量的技术要求

三、四等水准测量的技术要求如表 4.2 所示。

表 4.2 三、四等水准测量的技术要求

等级	附和路线总长/km	水准仪的型号	视线长度/m	视线离地面最低高度/m	水准尺	观测次数		路线闭合差	
						与已知点联测	附和或闭合路线	平地/mm	山地/mm
三等	≤50	DS$_1$	75	0.3	铟瓦	往返一次	往一次	±12$\sqrt{L}$	±4$\sqrt{N}$
		DS$_3$			双面		往返一次		
四等	≤16	DS$_3$	100	0.2	双面	往返一次	往一次	±20$\sqrt{L}$	±6$\sqrt{N}$

三、四等水准测量每站观测的主要技术要求如表 4.3 所示。

表 4.3 三、四等水准测量每站观测的主要技术要求

等级	视线长度/m	前、后视距离差/m	前、后视距离累积差/m	红、黑面读数差/mm	红、黑面高差之差/mm
三等	≤75	≤3	≤6	≤2	≤3
四等	≤100	≤5	≤10	≤3	≤5

二、四等水准测量的施测

四等水准测量工作应该在通视良好、成像清晰稳定的情况下进行。下面介绍双面尺法的观测程序及其记录、计算与检核,四等水准测量记录如表 4.4 所示。

表 4.4 四等水准测量记录

测站编号	点号	后尺 上丝 下丝 后视距 视距差	前尺 上丝 下丝 前视距 累积差$\sum d$	方向及尺号	水准尺读数 黑面	水准尺读数 红面	K+黑-红 /mm	平均高差 /m
		(1) (2) (9) (11)	(4) (5) (10) (12)	后尺 前尺 后-前	(3) (6) (15)	(8) (7) (16)	(14) (13) (17)	(18)
1	BM2 — TP1	1426 0995 43.1 +0.1	0801 0371 43.0 +0.1	后 106 前 107 后-前	1211 0586 +0.625	5998 5273 +0.725	0 0 0	+0.6250
2	TP1 — TP2	1812 1296 51.6 -0.2	0570 0052 51.8 -0.1	后 107 前 106 后-前	1554 0311 +1.243	6241 5097 +1.144	0 +1 -1	+1.2435

项目 4
水准测量

续表

测站编号	点号	后尺 上丝 / 下丝 / 后视距 / 视距差	前尺 上丝 / 下丝 / 前视距 / 累积差$\sum d$	方向及尺号	水准尺读数 黑面	水准尺读数 红面	$K+$黑$-$红 /mm	平均高差 /m
3	TP2 — TP3	0889 0507 38.2 −0.2	1713 1333 38.0 +0.1	后 106 前 107 后−前	0698 1523 −0.825	5486 6210 −0.724	−1 0 −1	−0.8245
4	TP3 — BM1	1891 1525 36.6 −0.2	0758 0390 36.8 −0.1	后 107 前 106 后−前	1708 0574 +1.134	6395 5361 +1.034	0 0 0	+1.1340
检核计算	$\sum(9)=169.5$ $\sum(10)=169.6$ $\sum(9)-\sum(10)=-0.1$ $\sum(9)+\sum(10)=339.1$		$\sum(3)=5.171$ $\sum(6)=2.994$ $\sum(15)=+2.177$ $\sum(15)+\sum(16)=+4.356$		$\sum(8)=24.120$ $\sum(7)=21.941$ $\sum(16)=+2.179$ $2\sum(18)=+4.356$			

1. 每站观测顺序

(1) 在测站上安置水准仪,使圆水准器气泡居中,粗略整平仪器,后视水准尺黑面,用上、下丝读数,记录到表 4.4 的(1)、(2)位置。转动微倾螺旋,使管水准器气泡居中,读取中丝读数,记录到表 4.4 的(3)位置。

(2) 前视水准尺黑面,用上、下丝读数并记录到表 4.4 的(4)、(5)位置。转动微倾螺旋,使管水准器气泡居中,读取中丝读数,记录到表 4.4 的(6)位置。

(3) 前视水准尺红面,旋转微倾螺旋,使管水准器气泡居中,读取中丝读数,记录到表 4.4 的(7)位置。

(4) 后视水准尺红面,旋转微倾螺旋,使管水准器气泡居中,读取中丝读数,记录到表 4.4 的(8)位置。

这样的观测顺序称为"后、前、前、后",四等水准测量每站观测顺序也可以是"后、后、前、前",这样可以减弱仪器下沉等对测量数据准确性产生的影响。

2. 每站计算与检核

1) 视距计算与检核

根据前、后视的上、下丝读数计算前、后视距(9)和(10)。

后视距离　　　　　　　　(9)=(1)−(2)
前视距离　　　　　　　　(10)=(4)−(5)
前、后视距差　　　　　　(11)=(9)−(10)
前、后视距累积差　　　　(12)=上站(12)+本站(11)

对于四等水准测量而言,(11)不得超过 5 mm,(12)不得超过 10 mm。

2) 同一水准尺红、黑面中丝读数的检核

双面水准尺的红、黑面分划的零点差记为 K，配套使用的两把尺的 K 值分别为 4.687 m 和 4.787 m，对于同一把水准尺而言其红、黑面中丝读数差不得超过 3 mm。

$$(13)=(6)+K-(7)$$
$$(14)=(3)+K-(8)$$

3) 高差计算与检核

按前、后视水准尺红、黑面中丝读数分别计算一站的高差。

$$\text{计算黑面高差}(15)=(3)-(6)$$
$$\text{计算红面高差}(16)=(8)-(7)$$
$$\text{红黑面高差之差}(17)=(15)-(16)\pm 0.100=(14)-(13)$$

式中，0.100 为两根水准尺红面零点注记之差。对于四等水准测量而言，(17)不得超过 5 mm。

4) 计算平均高差(18)

红黑面高差在误差允许范围内时，(18)取其平均值。

3. 每页计算与检核

1) 高差部分

红黑面后视总和减去红黑面前视总和应等于红黑面高差总和，还应等于平均高差总和的两倍。

2) 视距部分

后视距离总和减去前视距离总和应等于末站视距累积差。

任务 5　水准测量的成果计算

为使测量成果得到可靠的检核，水准测量的观测记录应该进行成果整理，主要包括：观测记录和计算的检核，高差闭合差的计算，高差的改正及待定点高程的计算。

一、高差闭合差的计算

1. 附合水准路线

如图 4.13(a)所示，在两已知高程水准点间所测得各站高差之和理论上应等于起止两水准点间的高程之差。若不等，则将其差值称为高差闭合差，用 f_h 表示。因此，附合水准路线的高差闭合差为

$$f_h = \sum h - (H_{终} - H_{起}) \tag{4-6}$$

2. 闭合水准路线

如图 4.13(b) 所示，理论上闭合水准路线的各站高差之和应等于零。如果高差之和不等于零，则其差值就是闭合水准路线的高差闭合差。即

$$f_h = \sum h \tag{4-7}$$

3. 支水准路线

如图4.13(c)所示,支水准路线因缺乏检核条件,需进行往返观测。理论上,往返测所得高差的绝对值应相等,但符号相反,即往返测高差的代数和应等于零。若不等于零,其值就是支水准路线的高差闭合差。即

$$f_h = \sum h_{往} - \sum h_{返} \tag{4-8}$$

在一定程度上,闭合差的大小可以反映测量成果的精度。在不同性质的水准测量中,都规定了高差闭合差的限值,即规定了容许高差闭合差,用 $f_{h容}$ 表示。一般情况下,水准测量的容许高差闭合差为

$$\text{平地} \quad f_{h容} = \pm 40\sqrt{L} \text{ (mm)} \tag{4-9}$$

$$\text{山地} \quad f_{h容} = \pm 12\sqrt{n} \text{ (mm)} \tag{4-10}$$

式中,L 为水准路线的路线长度或测段的长度,km;n 为测站数。

二、高差闭合差的分配和高程计算

当实测的高差闭合差在容许值之内时,可把闭合差分配到各测段的高差上,分配原则是将闭合差以相反的符号根据各测段路线的长度或测站数按比例分配到各测段的高差上,然后根据改正后的高差来求取各待求点的高程。各测段高差的改正数为

$$v_i = -\frac{f_h}{\sum L} L_i \tag{4-11}$$

或

$$v_i = -\frac{f_h}{\sum n} n_i \tag{4-12}$$

式中,L_i 和 n_i 分别为各测段路线之长和测站数;$\sum L$ 和 $\sum n$ 分别为水准路线总长和测站总数。

以一附合水准路线的闭合差检核、分配和高程计算为例,各水准点间的距离、实测高差和起点、终点的高程如表4.5所示,其计算步骤如下。

表 4.5 附合水准路线的高程计算

点号	距离/km	实测高差/m	改正数/mm	改正后高差/m	高程/m
A					63.475
	1.9	+1.241	−12	+1.229	
BM1					64.704
	2.2	+2.781	−14	+2.767	
BM2					67.471
	2.1	+3.244	−13	+3.231	
BM3					70.702
	2.3	+1.078	−14	+1.064	
BM4					71.766
	1.7	−0.062	−10	−0.072	
BM5					71.694
	2.0	−0.155	−12	−0.167	
B					71.527
$\sum$	12.2	+8.127	−75	+8.052	

1. 高差闭合差计算

$$f_h = \sum h_{测} - (H_B - H_A)$$
$$= +8.127 - (71.527 - 63.475)$$
$$= +0.075 \text{ m}$$

实际高程闭合差为 $f_h < f_{h容} = 40\sqrt{L} = \pm 0.140$ m，符合精度要求，可以进行高差闭合差的分配。

2. 计算高差改正数

根据式(4-11)计算高差改正数并记入表中，改正数总是与实际闭合差绝对值相等，符号相反。各测段改正后的高差等于实测高差加上高差改正数。

3. 高程计算

经过高差改正，由起点 A 的高程加上各测段改正后的高差，就可得出相应各点的高程，最终计算出的点 B 的高程应与该点的已知高程完全相同。

对于闭合水准路线而言，其闭合差调整、高程计算与附合水准路线相同。支水准路线需在高差闭合差符合要求后，将各段往测高差与返测高差的相反数的平均值作为改正后的高差来计算各点高程。

任务 6　微倾式水准仪的检验与校正

微倾式水准仪的主要轴线有视准轴，水准管轴、圆水准器轴和仪器竖轴，如图 4.15 所示。它们之间应该满足的几何条件是：

(1) 圆水准器轴应平行于仪器竖轴；
(2) 视准轴应平行于水准管轴；
(3) 十字丝的横丝应垂直于仪器竖轴。

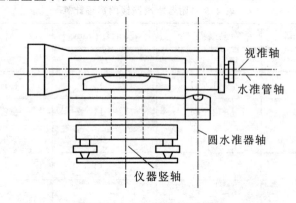

图 4.15　水准仪的主要轴线

仪器在经过运输或长期使用后，其各轴线之间的关系会发生变化，因此需定期对仪器进行检验和校正，以保证测量工作的准确性。

一、圆水准器轴平行于仪器竖轴的检验与校正

1. 检验

旋转脚螺旋使圆水准器气泡居中,将仪器上部在水平面内绕竖轴旋转180°,若气泡仍居中,则表示圆水准器轴已平行于竖轴,若气泡偏离中央则需进行校正。

2. 校正

旋转脚螺旋使气泡向中央方向移动至偏离量的一半,然后拨动圆水准器的校正螺丝,使气泡居中,如图4.16所示。

上述的检验与校正均需反复进行,当仪器上部旋转到任何位置气泡都能居中时,拧紧螺丝。当校正某个螺丝时,必须先旋松后拧紧,以免破坏螺丝。校正完毕后,必须使校正螺丝都处于旋紧状态。

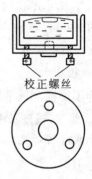

图 4.16 圆水准器的校正

二、视准轴平行于水准管轴的检验和校正

1. 检验

在平坦地面上选定相距40～60 m 的 A、B 两点,首先将水准仪架设在与 A、B 两点等距的 Ⅰ 点处,测得 A、B 两点的高差(见图 4.17(a)),重复观测两到三次,当所得各高差之差不大于 3 mm 时,取其平均值 $h_Ⅰ$ 作为两点间的高差值。若视准轴与水准管轴不平行而存在 i 角误差(两轴的夹角在竖直面的投影),由于仪器至 A、B 两点的距离相等,那么由视准轴倾斜使得前、后视读数所产生的误差 δ 也相等。因此,$h_Ⅰ$ 就是 A、B 两点间的实际高差。

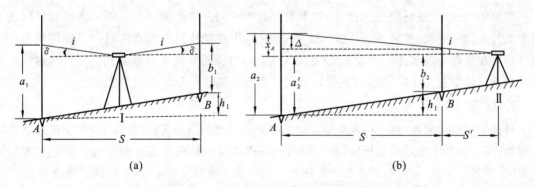

(a)　　　　　　　　　　　(b)

图 4.17 视准轴与水准管轴平行的检验

将水准仪迁至 AB 延长方向上且靠近点 B 的 Ⅱ 点处,再次读取 A、B 两点的水准尺读数(见图4-17(b))。由于仪器距点 B 很近,因此 S' 可忽略,两轴不平行造成的点 B 水准尺读数 b_2 的误差也可忽略不计。由图 4.17(b) 可知,此时 A 点处水准尺上的读数 a_2 应为 a_2'。

$$a_2' = b_2 + h_Ⅰ$$

此时可计算出 i 角值为

$$i=\frac{a_2-a_2'}{S}\rho''=\frac{a_2-b_2-h_1}{S}\rho'' \qquad (4-13)$$

式中，S 为 A、B 两点间的距离。

对于 S_3 水准仪而言，当前后视距差未作具体限制时，一般规定在 100 m 的水准尺上读数误差不超过 4 mm，即 a_2 与 a_2' 的差值超过 4 mm 时应校正。当前后视距差加以较严格的限制时，一般规定 i 角不得大于 $20''$，否则应进行校正。

2. 校正

为了使视准轴平行于水准管轴，转动微倾螺旋使点 A 处的水准尺上读数 a_2 改变到正确读数 a_2'。此时，视准轴由倾斜位置改变到水平位置，水准管也随之变动且气泡不再居中。用校正针拨动水准管一端的校正螺丝使气泡居中，此时水准管轴也处于水平位置，并平行于视准轴。水准管的校正螺丝如图 4.18 所示，校正时先松动左右两校正螺丝，然后拨上下两校正螺丝使气泡居中。拨动上下校正螺丝时，应先松一个再紧另一个逐渐校正，当最后校正完毕时，所有校正螺丝都应适度旋紧。检验和校正需要反复进行，直到满足要求为止。

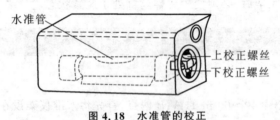

图 4.18 水准管的校正

三、十字丝横丝垂直于仪器竖轴的检验和校正

1. 检验

在距墙面 10～20 m 处安置仪器，先用十字丝横丝的一端照准墙上一固定清晰的目标点或在水准尺上读一个数，然后用微动螺旋转动望远镜，用横丝的另一端观测同一目标或读数。如果目标仍在横丝上或水准尺读数不变（见图 4.19(a)），说明横丝与竖轴垂直。若目标点偏离横丝或水准尺读数有变化（见图 4.19(b)），则说明横丝与竖轴不垂直，应予以校正。

2. 校正

打开十字丝分划板的护罩，可见到三个或四个分划板的固定螺丝（见图 4.20）。松开这些固定螺丝，用手转动十字丝分划板座，使横丝的两端都能与目标重合或使横丝两端所得水准尺读数相同，则校正完成，最后旋紧所有固定螺丝。此项校正也需反复进行，直到满足要求为止。

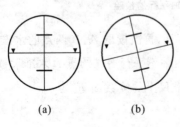

图 4.19 十字丝的检验

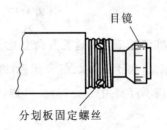

图 4.20 十字丝的校正

任务 7　水准仪测量误差及注意事项

实际测量工作应严格按照测量规范的规定和要求进行施测,避免发生错误并保证测量成果的精度。但是,由于外界环境的影响以及测量仪器和测量员观测的误差使得测量工作中不可避免地含有误差。为减小误差,本任务提出水准测量中的一些注意事项及如何消除和减小误差的措施。

一、水准测量的误差来源

1. 仪器误差

1) 仪器的残余误差

仪器的校正不完善会使校正后的仪器仍存在某些误差,如仪器的视准轴与水准管轴不平行引起的误差、调焦引起的误差,实际观测中可保持前视和后视的距离相等,来消除或减小这些误差。

2) 水准尺的误差

水准尺的误差主要包括尺面分划误差和水准尺的构造误差,如零点误差和接头误差等。此外,其他因素也会导致尺子长度变化、弯曲、零点磨损等,这些变化均会影响水准测量的观测精度。

2. 观测误差

(1) 水准尺的估读误差

水准仪精确整平后,应立即读取水准尺的分划读数并记录,其中,毫米数应当估读。估读误差与望远镜的放大倍率及视线的长度有关。

$$m_v = \frac{60''}{v} \frac{s}{\rho}$$

式中,v 为望远镜的放大倍率,$60''$ 为人眼的分辨能力。

2) 气泡居中误差

水准仪精确整平后,视准轴应处于水平位置且水准管气泡应精确居中。气泡居中的精度主要取决于水准管的分划值。一般认为水准管居中的误差约为 0.1 分划值,采用符合水准器气泡居中的误差大约是直接观察气泡居中误差的 1/2,因此它对读数产生的误差为

$$m_\tau = \pm \frac{0.1\tau''}{2 \times \rho} s$$

式中,τ'' 为水准管的分划值,$\rho = 206265''$,s 为视线长。

3. 外界条件

1) 仪器转点下沉

若仪器在搬站的过程中,转点发生下沉,往往会造成下一测站的后视读数偏大,从而使高差增大;在同样情况下返测,则会使高差的绝对值减小。消除这种误差的方法有:将仪器安置在比较坚实的地面并将脚架踩实;在每一测站上两次观测高差时,采用"后前前后"的观测顺序。

2) 水准尺倾斜和下沉

若水准尺发生倾斜,不管哪一侧倾斜都会使读数偏大,且误差随尺的倾斜角和读数的增大而增大,因此,水准尺上最好装有水准器,保持气泡居中,这样可以保证水准尺的竖直。此外,水准尺的下沉也会使读数增大,一般在地面较松软的位置应使用尺垫并踩实。

3) 自然环境

地球曲率、大气折光、风吹、日晒、温度的变化和地面水分的蒸发等均会对测量工作产生影响,因此,观测时应注意自然环境带来的影响。为了防止日光曝晒,应打伞保护仪器。无风的阴天是进行测量工作最理想的天气。

二、注意事项

在水准测量过程中,应注意以下事项:

(1) 仪器应经过检验和校正后方能使用,应尽可能地安置在坚固的地面上,水准尺要立直且尺垫要踩实;

(2) 观测时,尽可能使前、后视距相等,且手不能放在仪器或三脚架上,读数前要消除视差并使水准气泡严格居中;

(3) 读数要准确、快速,记录要及时、规范、清楚,不得涂改或用橡皮擦掉外业数据,记错的数据可用斜线划去,另起行重记;

(4) 观测记录应及时检核,发现错误或超出限差要立即重测。

任务8 自动安平水准仪与电子水准仪的使用

一、自动安平水准仪

自动安平水准仪(见图4.21)是指在一定的竖轴倾斜范围内,利用补偿器自动获取视线的水准仪。自动安平水准仪利用自动安平补偿器代替管状水准器,当圆水准器气泡居中时,无须再经手工调整即可读得视线水平时的读数。这样既简化了操作步骤,又提高了作业速度,也可保证观测结果的高精度,因此,自动安平水准仪被广泛地应用于各级水准测量中。

自动安平水准仪与微倾式水准仪一样,使用时首先要调节脚螺旋使圆水准器气泡居中,完成仪器的粗略整平;然后用望远镜照准水准尺,用十字丝横丝读取水准尺读数,此时所得的读数就是水平视线读数。有的自动安平水准仪配有一个补偿器检查按钮,读数前应确认该补偿器能正常工作。

二、电子水准仪

电子水准仪又称数字水准仪,它采用条码标尺进行自动水准测量,操作简捷、观测速度快、精度高,附有数据处理器可与计算机连接进行后处理,从而实现测量工作的自动化和流水线作业,大大提高了工作效率。

图4.22为德国徕卡公司生产的DNA03/10型电子水准仪,其条形编码标尺由玻璃纤维或铟瓦制成。使用电子水准仪测量时,电子水准仪中的线译码器捕获仪器视场内的标尺影像作为测量信号并同仪器的参考信号进行比较,获得数据后在显示屏上直接显示中丝读数和视距。

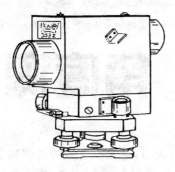
图4.21 自动安平水准仪

图4.22 电子水准仪

使用电子水准仪进行水准测量时,完成安置、粗平、瞄准目标(条形编码水准尺)等准备工作,按下电子水准仪的测量键后,LCD显示屏上可直接显示系统状态和测量结果并将测量结果直接储存在仪器内或连接并上传到计算机内。

由于各厂家生产的水准尺条码图案不同,读数原理和方法也各不相同,电子水准仪的观测精度取决于电子水准仪和与其组合使用的标尺。中、低精度测量可选用普通标尺,高精度测量应选用铟瓦标尺。若DNA03/10型电子水准仪利用铟瓦标尺测量时,每公里往返测量的高差中误差为0.3 mm;若NDA03/10型电子水准仪利用普通标尺测量时,每公里往返测量的高差中误差为1.0 mm,而进行光学水准测量时的高差中误差为2.0 mm。

项目 5 角度测量

角度测量是测量的基本工作之一,在确定点的空间位置时,通常需要进行角度测量。本项目主要介绍角度测量的基本原理,光学经纬仪的使用及检验校正方法,水平角、竖直角的测量及计算方法,角度测量的误差及注意事项,电子经纬仪的介绍等内容。

任务 1 角度测量原理

一、水平角测量原理

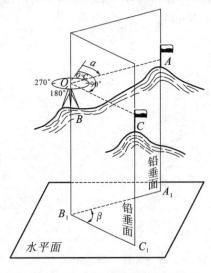

图 5.1 水平角测量原理图

角度测量是测量的一项基本工作,角度是确定一点空间位置的基本要素之一。水平角是指从空间一点出发的两个方向在水平面上的投影所形成的角度,水平角的取值范围为 $[0°,360°)$。

如图 5.1 所示,设有从 B 点出发的 BA、BC 两条方向线,分别过 BA、BC 的两个铅垂面与水平面的交线 B_1A_1 和 B_1C_1 所夹的 $\angle A_1B_1C_1$,即为 BA、BC 间的水平角 β。

经纬仪内部水平放置一个度盘,度盘刻划按顺时针注记且度盘的刻划中心 O 与 B 点重合,测出 BA 方向在度盘的度数 a,BC 方向在度盘的度数 c,则读数之差即为 BA 与 BC 间的水平角值,即 $\beta = c - a$。

二、竖直角测量原理

竖直角是在同一竖直面内目标方向线与水平方向线之间的夹角,用 α 表示。竖直角有正负之分,向上倾斜的仰角规定为正,用"+"表示;而向下倾斜的俯角规定为负,用"-"表示,角值范围为[$-90°, +90°$]。

与水平角相似,竖直角的角值也是度盘上两个方向的读数之差。不同之处在于,竖直角有一个方向是固定的,即水平方向。在经纬仪的内部,铅垂面内设置了一个竖直度盘,如图 5.2 所示。使 O 点与度盘刻划中心重合,用望远镜瞄准目标 B,视线 OB 与水平线分别在竖盘上的对应读数之差,即为 OB 的竖直角角值;同样,视线 OA 与水平线分别在竖盘上的对应读数之差为 OA 的竖直角。无论对于哪一种经纬仪来说,当视线水平时,竖盘读数都应是一个固定值(90°的整倍数,称为始读数),所以测量竖直角时,只要瞄准目标读出竖盘读数,即可计算出竖直角。

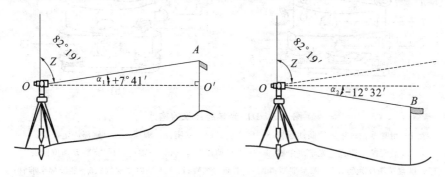

图 5.2 竖直角测角原理

任务 2 光学经纬仪及其使用

经纬仪是测量角度常用的仪器,兼有其他测量功能,分光学经纬仪和电子经纬仪两类。根据精度划分,国产光学经纬仪分为 DJ_{07}、DJ_1、DJ_2、DJ_6、DJ_{15} 等几个等级,其中,D 和 J 分别是"大地"和"经纬仪"的意思,小数字表示其测角精度。这里主要介绍 DJ_6 光学经纬仪的构造和使用。

一、DJ_6 光学经纬仪的基本构造

DJ_6 光学经纬仪主要由照准部、水平度盘、基座三大部分组成。如图 5.3 所示是 DJ_6 光学经纬仪的构造。

1. 照准部

照准部是水平度盘以上能绕竖轴旋转的所有部件的总称,主要包括望远镜、横轴及其支架、制动螺旋和微动螺旋(控制望远镜及照准部旋转)、竖盘装置、读数装置、水准管、光学对中器、竖轴等部件。

望远镜的构造与水准仪的基本相同,不同之处在于望远镜调焦螺旋的构造、位置和分划板的刻线方式。分划板的刻划方式有如图 5.4 所示几种,以适应照准不同目标的需要。望远镜与横轴固连在一起,安置在两个支架上,望远镜的上下转动受一个制动螺旋和一个微动螺旋的控制。

竖盘装置由竖直度盘和竖盘自动归零装置组成。竖盘固定在横轴的一端,随望远镜一起在竖直面内旋转,用来测定竖直角。

读数装置安装在望远镜目镜的一侧,打开反光镜后,度盘读数经过一系列光学组件的折射,在显微镜内显示出来。

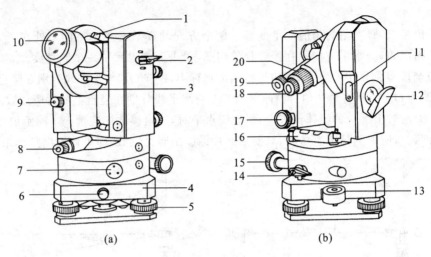

图 5.3 DJ₆ 光学经纬仪的构造

1—粗瞄器；2—望远镜制动螺旋；3—竖直度盘；4—基座；5—脚螺旋；6—轴座固定螺旋；
7—度盘变换手轮；8—光学对中器；9—竖盘自动归零螺旋；10—物镜；11—指标差调位盖板；
12—度盘照明反光镜；13—圆水准器；14—水平制动螺旋；15—水平微动螺旋；16—照准部水准管；
17—望远镜微动螺旋；18—目镜；19—读数显微镜；20—物镜调焦螺旋

图 5.4 十字丝分划板

水准管用来精确整平仪器，与圆水准器（有的在基座上，有的在照准部上）配合使用，保证照准部在水平面内旋转（即精平工作）。

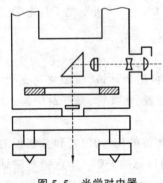

图 5.5 光学对中器

光学对中器是使仪器中心与地面标志在一个铅垂线上，不受风力的影响，精度较垂球高，它的构造如图 5.5 所示，目镜的视线通过棱镜而偏转 90°，以使视线处于铅垂状态，且要保持与仪器的竖轴重合。当仪器整平后，从光学对中器的目镜看去，如果地面点与视场内的圆圈或十字交点重合，则表示仪器已经对中。旋转目镜可对分划板调焦，推拉目镜可对地面目标调焦。

经纬仪竖轴即照准部的旋转轴位于基座轴套内。望远镜连同照准部可绕竖轴在水平方向旋转，以照准不在同一铅垂面上的目标。照准部也有一对制动螺旋和微动螺旋，以使其固定或在水平方向做微小转动。

2. 水平度盘

水平度盘独立安装在照准部底部，由刻有 0°~360° 分划注记的圆环光学玻璃制成。根据照准部与度盘的关系，它可分为复测经纬仪和方向经纬仪两类，后者应用较多。方向经纬仪的照准部和度盘是单独转动的,即它有一个度盘变换手轮,转动度盘变换手轮时,度盘在其本身的平面内单独旋转。方向经纬仪可以在照准方向固定后,任意设置所需的度盘读数。

3. 基座

经纬仪的基座由脚螺旋、竖轴轴套、三角压片组成,用来支承仪器。调节基座下部3个脚螺旋的升降,可粗略整平仪器;竖轴轴套用来将仪器固定在基座上;经纬仪在使用的时候,借助基座上的中心连接螺旋将经纬仪与三脚架连接。

二、DJ_6光学经纬仪的读数方法

虽然不同厂家生产的DJ_6光学经纬仪的基本结构相似,但测微机构及读数方法存在很大差异。最常见的读数方法有分微尺法和单平板玻璃测微器法两种。

1. 分微尺法

分微尺法也称带尺显微镜法,是目前DJ_6光学经纬仪最常用的读数方法,这种方法操作简单,不含隙动差。

如图5.6所示,从读数显微镜中可以看到两个读数窗,H代表水平度盘,V代表竖直度盘。测微器是一个刻有60个均匀分划的固定不动的分划尺,每一小格代表$1'$,而分微尺注字则向左增加。分微尺的0分划线即为读数的指标线,度盘分划线则作为读取分微尺读数的指标线,从分微尺上可直接读到$1'$,估读到$0.1'$。图5.6中的水平度盘读数为$115°16.3'$(即$115°16'18''$)。

2. 单平板玻璃测微器法

这种测微方法也用于DJ_2级经纬仪。由于该方法操作不便,且有隙动差,现已较少采用,但在旧仪器中仍可见到。在读数显微镜读数窗内,看到的影像如图5.7所示。图下面的读数窗为水平度盘的影像,中间的读数窗为竖直度盘的影像,上面的读数窗则为测微尺的影像。水平及竖直度盘不足$0.5°$的微小读数,都利用测微尺的影像读取。读数时需转动测微手轮,使度盘刻划线的影像移动到读数窗中间双指标线的中央,并根据这指标线读出度盘的读数。这时测微尺读数窗内中间单指标线所对的读数即为不足$0.5°$的微小读数。将两者相加即可。例如图5.7所示的读数分别为竖直度盘$92°17'40''$,水平度盘$4°41'30''$。

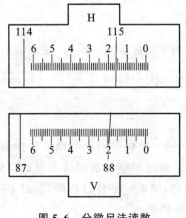

图5.6 分微尺法读数

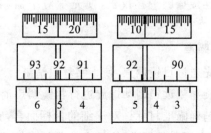

图5.7 单平板玻璃法读数

三、光学经纬仪的使用

经纬仪的使用一般分为安置、对中、整平、瞄准和读数5个步骤。对中的目的:使仪器中心与测站点的标志中心处于同一铅垂线上。整平的目的:使水平度盘踞于水平位置,竖轴居于铅垂位置。

1. 经纬仪的安置、对中、整平

经纬仪的安置、对中、整平的操作步骤如下。

(1) 安置仪器。首先,将三脚架打开,抽出架腿,并旋紧架腿的固定螺旋;然后,将三个架腿尽量安置在以测站点为中心的等边三角形的角顶上,使架头平面大致水平,且架头中心与测站点中心大致在同一铅垂线上;最后,开箱取出仪器,连接在三脚架上。

(2) 粗略对中。首先,旋转光学对中器的目镜使其刻线清楚,再伸缩光学对中器使测站点清楚;然后,一面观察光学对中器,一面移动脚架,使光学对中器与地面点大致对准。

(3) 粗略整平。先通过升降三脚架腿,使圆水准器居中;再观察对中情况,若偏离较大,则重复粗略对中步骤,若偏离较小,则继续往下进行。

(4) 精确整平。通过调整脚螺旋使管水准器气泡居中,即精确整平。首先,转动照准部使长水准管与另一个脚螺旋连线平行;然后,根据左手拇指原则,双手以相同速度反方向旋转这两个脚螺旋,使管水准器的气泡居中,如图5.8(a)所示;最后再将照准部旋转90°,用另一个脚螺旋使气泡居中,如图5.8(b)所示。这样反复进行,直至管水准器气泡在任一方向上都居中为止。

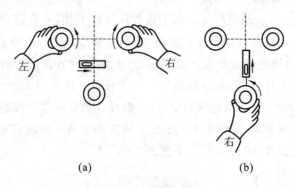

图5.8 精确整平

(5) 精确对中。此时,首先观察对中情况,若偏离较大,则重复以上步骤,若偏离较小,则旋松中心连接螺旋平移仪器,使光学对中器刻线中心与测站中心精确对准;然后重复精确整平步骤。

2. 瞄准

首先通过目镜调焦,使十字丝最清晰;然后利用望远镜上的粗瞄器粗略瞄准目标,旋紧水平制动螺旋和望远镜制动螺旋进行物镜调焦消除视差;最后通过调整照准部微动螺旋和望远镜微动螺旋精确瞄准目标。对于细的目标而言,宜用单丝照准,使单丝平分目标像;而对于粗的目标而言,则宜用双丝照准,使目标像平分双丝,以提高照准的精度。

3. 读数

读数前应首先打开反光镜，使读数窗内光线明亮；然后调节读数显微镜的目镜使度盘影像清晰，消除视差；最后按前面所讲的读数方法读数。

任务 3 水平角测量

测量水平角的常用方法有测回法和方向观测法。为了消除仪器的某些误差的影响，一般都用盘左和盘右两个盘位进行观测。当望远镜照准目标时，竖盘在望远镜的左侧，称为盘左，又称正镜；竖盘在望远镜的右侧，称为盘右，又称倒镜。

一、测回法

测回法是观测水平角的一种最基本方法，常用于观测只有两个方向的单角。

1. 测回法观测方法

如图 5.9 所示，O 为测站点，欲测 OA、OB 两方向之间的水平角 β，以一测回为例（一测回包含上、下两个半测回），具体施测步骤如下。

（1）在测站点 O 处安置经纬仪，对中整平，在目标 A、B 处各设立观测标志。

（2）盘左（即竖盘在望远镜的左侧）：先粗略照准左方目标 A，旋紧照准部及望远镜的制动螺旋；再用微动螺旋精确照准目标 A，利用水平度盘变换手轮将水平度盘读数置于稍大于 0°处，读取该方向上的水平读数 $a_左$（0°12′00″），记入表 5.1 中。

（3）松开制动螺旋，顺时针方向转动照准部，按上述方法精确照准目标 B，并读取该方向上的水平度盘读数 $b_左$（91°45′00″），记入表 5.1 中。

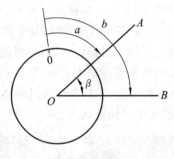

图 5.9 测回法

则盘左所得水平角值为

$$\beta_左 = b_左 - a_左$$

以上称为上半测回或盘左半测回。

（4）盘右：将望远镜纵转 180°，改为盘右位置。按上述方法精确照准目标 B，并读取水平度盘读数 $b_右$（271°45′06″），记入表 5.1 中。

（5）逆时针转动照准部，精确照准目标 A，读取水平度盘读数 $a_右$（180°11′50″）。则盘右所得角值

$$\beta_右 = b_右 - a_右$$

以上称为下半个测回或盘右下半测回。

两个半测回角值之差不超过规定限值时，取盘左盘右所得角值的平均值为一测回的角值，该角值为 $\beta = (\beta_左 + \beta_右)/2$。根据测角精度的要求，可以测多个测回取平均值作为最后结果，测回

法观测手簿的格式如表5.1所示。

表5.1 测回法观测手簿

测站名：			观测者：		日 期：		
仪 器：			记录者：		天 气：		

测站	目标	盘位	水平度盘读数	半测回水平角值	一测回角值	各测回平均角值	备 注
O	A	左	0°12′00″	91°33′00″	91°33′08″	91°33′06″	O∠β A B
	B		91°45′00″				
	B	右	271°45′06″	91°33′16″			
	A		180°11′50″				
O	A	左	90°06′12″	91°33′06″	91°33′03″		
	B		181°39′18″				
	B	右	1°39′06″	91°33′00″			
	A		270°06′06″				

2. 注意事项

(1) 计算角值时,始终用右边方向的读数减去左边方向的读数,如果右方向读数小于左方向读数,则右方方向读数应先加360°后再减左边方向。

(2) 多测回观测时,每个测回的起始方向按$180°/n$(n为测回数)设置水平度盘,以减小度盘刻度不均匀误差。例如,当测回数$n=2$时,水平度盘起始读数第一测回配置在稍大于0°处,第二测回配置在稍大于90°处。

(3) 上、下两个半测回所得角值互差,应满足测量规范的限差,如果超限,则必须重测。对于DJ_6光学经纬仪而言,限差一般为40″。

二、方向观测法

方向观测法又称全圆测回法,适用于观测3个及以上方向。该方法的直接观测结果是各个方向相对于起始方向的方向角值,相邻两方向值之差就是各相邻方向间的水平角值。

1. 方向观测法的观测方法

方向观测法与测回法相似,一测回也包含上、下两个半测回。如图5.10所示,在O点设站,有OA、OB、OC、OD四个方向,用方向观测法具体施测步骤如下。

(1) 在O点安置好经纬仪,盘左照准起始方向A点,设置水平度盘读数于稍大于0°处,记录入表5.2中。

(2) 以顺时针方向依次照准B、C、D各点,最后再照准A(称为归零),分别读数,以上读数均记入表5.2中。两次瞄准起始方向A的读数差称为归零差。

以上称为上半测回或盘左半测回,上半测回各读数记入表5.2第3栏。

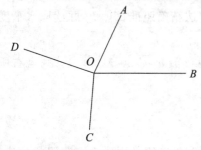

图5.10 方向观测法

各相邻方向间的水平角值为对应方向的方向值之差,例如 OA 与 OB 两方向的水平角值为
$$\beta = b - a$$
(3) 倒转望远镜改为盘右,照准起始方向 A 点,读取水平度盘读数,记入表 5.2 中。

(4) 以逆时针方向依次照准 D、C、B、A,分别读取水平度盘读数记入表 5.2 中。下半测回各读数记入表 5.2 第 4 栏。

以上称为下半测回或盘右半测回。

表 5.2 方向法观测手簿

测站名:　　　　　观测者:　　　　　日　期:
仪　器:　　　　　记录者:　　　　　天　气:

测站	测点	水平盘读数		两倍照准误差 (2c)	平均读数	归零后方向值	各测回归零方向值的平均值	备注
		盘左	盘右					
1	2	3	4	5	6	7	8	9
O	A	0°15′00″(a)	180°15′12″	−12	(0°15′03″) 0°15′06″	0°00′00″		
	B	41°51′54″(b)	221°52′00″	−6	41°51′57″	41°36′54″		
	C	111°43′18″	291°43′30″	−12	111°43′24″	111°28′21″		
	D	253°36′06″	73°36′12″	−6	253°36′09″	253°21′06″	0°00′00″ 41°36′51″ 111°28′15″ 253°21′03″	
	A	00°14′54″	180°15′06″	−12	0°15′00″			
O	A	90°03′30″	270°03′36″	−6	(90°03′33″) 90°03′33″	0°00′00″		
	B	131°40′18″	311°40′24″	−6	131°40′21″	41°36′48″		
	C	201°31′36″	21°31′48″	−12	201°31′42″	111°28′09″		
	D	343°24′30″	163°24′36″	−6	343°24′33″	253°21′00″		
	A	90°03′30″	270°03′36″	−6	90°03′33″			

2. 数据检核及计算

(1) 半测回归零差检核。表 5.2 中第 3 栏和第 4 栏中起始方向 A 的两次读数之差即为半测回归零差,根据表 5.3 的技术要求检核其是否符合规范要求。

(2) 两倍照准误差(2c)检核。同一方向上盘左盘右读数之差即为两倍照准误差,2c = 盘左读数 − (盘右读数 ± 180°)。表 5.3 只规定了 DJ_2 光学经纬仪 2c 值的变化范围的限值,对 DJ_6 光学经纬仪未做具体规定。

(3) 计算各方向平均读数,计算公式为:平均读数 $= \frac{1}{2}$[盘左读数 + (盘右读数 ± 180°)]。根据读数计算出平均读数,并将计算结果填入表 5.2 第 6 栏最上部括号内。

(4) 计算各方向归零后的方向值。将各方向读数减去起始方向平均读数(括号中的数)得各方向归零后方向值,填入表 5.2 第 7 栏。

(5) 计算各测回归零后方向值的平均值。取满足规范要求的各测回归零后同一方向值的平均值作为该方向最后结果,填入表 5.2 第 8 栏。

(6) 计算各方向间的水平角值。将表 5.2 中第 8 栏相邻两方向值相减即得水平角值。

以上每一步计算结果都要检核,看是否满足规范规定的限差要求,如有不符,则需要重测。为避免错误及保证测角的精度,对以上各部分的计算限差有相应的技术要求,如表 5.3 所示。

表 5.3　方向观测法技术要求

仪器型号	光学测微器两次重合读数之差	半测回归零差	一测回同方向 $2c$ 值互差	各测回同一方向值互差
DJ_2	3″	8″	13″	10″
DJ_6	—	18″	—	24″

任务 4　竖直角测量

一、竖盘的构造

竖直度盘(以下简称竖盘)是测竖直角的装置,安装在横轴的一端,随望远镜一起旋转,配合竖盘指标进行读数。竖盘的刻划中心与横轴的旋转中心重合,在全圆周上顺时针注记 360°(见图 5.11),竖盘读数通过一系列光学组件传至读数显微镜内读取。通常情况下,在视线水平时,指标所指的读数为 90°的整倍数(始读数)。

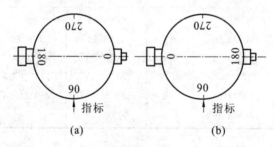

图 5.11　竖盘的形式

竖盘指标是指与竖盘刻划中心在同一铅垂线上的竖盘读数。顺时针注记的竖盘,要求盘左望远镜水平时,读数为 90°;要求盘右望远镜水平时,读数为 180°。为了满足这个要求,现在的仪器基本上都安装自动补偿装置,确保仪器在整平后,竖盘指标自动处于正确位置。

二、竖直角的观测与计算

1. 竖直角的观测方法

竖直角是指倾斜视线与在同一铅垂面内的水平视线所夹的角度,规定仰角(视线上倾)为正,俯角(视线下倾)为负。由于水平视线的读数是固定的,所以只要读出倾斜视线的竖盘读数,即可计算出竖直角值。为了消除仪器误差的影响,同样需要用盘左、盘右观测。竖直角观测法的具体观测步骤为:

(1) 在测站上安置仪器,对中和整平;

(2) 以盘左照准目标,需要打开自动补偿器开关,读取竖盘读数 $L(80°05'30'')$,记入表 5.4 中,这称为上半测回;

(3) 将望远镜倒转,以盘右用同样方法照准同一目标,读取竖盘读数 $R(279°54'20'')$,记入表 5.4 中,这称为下半测回。

表 5.4 竖直角观测手簿

测站名:			观测者:		日 期:	
仪器:			记录者:		天 气:	
测站	测点	盘位	竖盘度数	竖直角	平均角值	备 注
O	A	左	80°05'30''	+9°54'30''	+9°54'25''	
		右	279°54'20''	+9°54'20''		

2. 竖直角的计算

此处以顺时针方向全圆注记的竖盘为例,说明竖直角的计算方法。如图 5.12 所示,当处于盘左位置且视线水平时,竖盘的读数为 90°(见图 5.12(a))。如照准高处一点 A(见图 5.12(b)),按前述规定,此时竖直角应为正值。设竖直角为 $\alpha_{左}$,竖盘读数为 L,由于望远镜仰起读数减小,所以盘左时的竖直角计算式为:$\alpha_{左}=90°-L$。

同理,当处于盘右位置且视线水平时,竖盘读数为 270°(见图 5.12(c)),在照准高处的同一点 A 时(见图 5.12(d)),设竖直角为 $\alpha_{右}$,竖盘读数为 R,则竖直角计算式为:$\alpha_{右}=R-270°$。

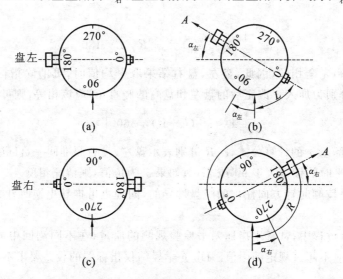

图 5.12 竖直角观测和读数

取盘左、盘右的平均值,作为一个测回的竖直角值,即

$$\alpha = \frac{1}{2}(\alpha_{左}+\alpha_{右})=\frac{1}{2}[R-L-180°] \quad (5-1)$$

将竖直角的计算结果填入表 5.4 中时,注意竖直角的正、负号不能省略。如果测多个测回,则取各测回的平均值作为最后成果。

3. 竖盘指标差

竖盘指标差是由于指标不位于过竖盘中心的铅垂线上而产生的差值。当视线水平时的读数不是 90°的整倍数,而是相差 x,x 即为竖盘指标差。如图 5.13 所示,为求得正确角值 α,需加入指标差改正,即

$$\alpha_{左}=90°-L+x \tag{5-2}$$

$$\alpha_{右}=R-270°-x \tag{5-3}$$

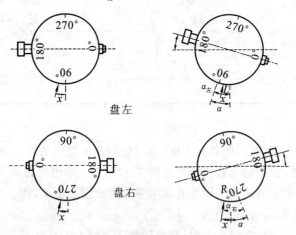

图 5.13 竖盘指标差计算

取平均值得:

$$\alpha=\frac{1}{2}(\alpha_{左}+\alpha_{右})=\frac{1}{2}[R-L-180°]$$

上式与式(5-1)完全相同,因此,盘左、盘右结果取平均值时,可消除指标差 x 的影响。式(5-2)与式(5-3)分别为加入 x 改正后的盘左和盘右的竖直角,应该相等,则可得

$$x=\frac{1}{2}[(L+R)-360°] \tag{5-4}$$

式(5-4)为指标差 x 的计算公式,L、R 分别表示盘左、盘右照准同一目标的读数。如果 x 为正值,说明视线水平时的读数大于 90°或 270°;如果 x 为负值,则情况相反。

以上各公式是按顺时针方向注记的竖盘推导的,同理也可推导出逆时针方向注记竖盘刻度的计算公式。

在竖直角测量过程中,常常用指标差来检验观测的质量,在不同测回中或观测不同的目标时,指标差的较差应不超过规定的限值。DJ_6 光学经纬仪指标差的较差要求不超过 25″。

任务 5 经纬仪的检验与校正

一、经纬仪主要轴线应满足的条件

经纬仪在使用过程中,由于多种原因会使仪器状态发生变化,使用者应经常对仪器进行必

要的检验和校正,以使仪器处于理想状态,保证测角的精度要求。

如图 5.14 所示,经纬仪的主要轴线有:仪器的旋转轴 VV(简称竖轴)、望远镜的旋转轴 HH(简称横轴)、望远镜的视准轴 CC 和照准部水准管轴 LL。为了能正确地测出水平角和竖直角,仪器主要轴线之间应满足以下条件:

(1) 照准部的水准管轴应垂直于竖轴($LL \perp VV$);
(2) 圆水准器轴应平行于竖轴;
(3) 十字丝竖丝应垂直于横轴;
(4) 视准轴应垂直于横轴($CC \perp HH$);
(5) 横轴应垂直于竖轴($HH \perp VV$)。

除需要满足以上条件外,还需要满足光学对中器的视线与竖轴的旋转中心线重合,这样光学对点器对中后,竖轴旋转中心才可以位于测站点的铅垂线上。当视线水平时,竖盘读数应为 90°的整倍数,否则会有指标差存在。

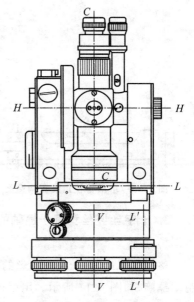

图 5.14 经纬仪主要轴线

二、经纬仪的检验和校正

经纬仪检验的目的是为了检查以上各条件是否满足。如果不满足,且偏差超过允许范围,则需校正,以保证仪器处于正常的使用状态。下面分别说明各条件检验和校正的具体方法。

1. 照准部水准管轴垂直于竖轴的检验校正

1) 检验

首先将仪器粗略整平,使水准管平行于其中的两个脚螺旋,并用两个脚螺旋使水准管气泡精确居中;然后将照准部旋转180°,如果气泡仍然居中,则水准管轴垂直于竖轴,若气泡偏离超过两格,则两者不垂直,应进行校正。

2) 校正

如图 5.15 所示为水准管校正装置的构造。先用脚螺旋使气泡退回原偏移量的一半位置;再用校正针调节水准管一端的校正螺丝,升高或降低这一端,使气泡居中,则此条件满足。调节校正螺丝时要注意先松后紧,以免对螺丝造成破坏。此项检校工作要反复进行,直到满足条件为止。

2. 圆水准器轴平行于竖轴的检验与校正

1) 检验

调节照准部水准管气泡居中,使仪器精确整平,这时竖轴已居于铅垂位置。如果圆水准器气泡居中,则仪器的圆水准器轴平行于竖轴;否则,平行条件不满足,需要进行校正。

2) 校正

如图 5.16 所示为圆水准器的校正装置。如果仪器精平后,圆水准器气泡不居中,根据气泡偏移的方向,调整圆水准器装置底部的 3 个脚螺旋,直至气泡居中。校正好后,将校正螺丝旋紧。

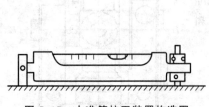

图 5.15 水准管校正装置构造图

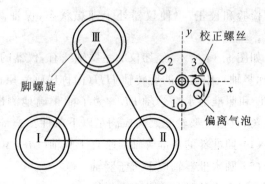

图 5.16 圆水准器的校正

3. 十字丝竖丝垂直于横轴的检验与校正

1) 检验

整平仪器后,用十字丝竖丝的一端照准一个清晰的小目标点,拧紧水平制动螺旋和望远镜制动螺旋,如图 5.17 所示。用望远镜的微动螺旋使目标点移动到竖丝的另一端,如果目标点仍位于竖丝上,则此条件满足。否则,需要校正。

2) 校正

十字丝的校正,主要是校正位于望远镜目镜端的十字丝分划板位置。将护罩打开后,有 4 个固定分划板的螺旋,如图 5.18 所示。稍稍拧松这 4 个螺旋,慢慢转动分划板直至满足此条件。条件满足后旋紧固定螺旋,并将护罩盖好。

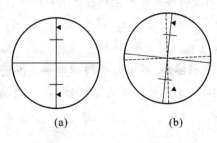

图 5.17 十字丝的检验

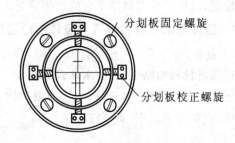

图 5.18 十字丝的校正

4. 视准轴垂直于横轴的检验与校正

1) 检验

如图 5.19 所示,选一长约 100 m 的平坦地面,在一条直线上确定 A、O、B 三个点(OB 长度大于 10 m),将仪器安置于 O 点。在 A 点设一照准目标,在 B 点横放一有毫米分划的小尺。首先以盘左位置照准 A 点目标,固定照准部,将望远镜倒转,在 B 点小尺上读数得 B_1 点;然后用同样方法以盘右照准 A 点,固定照准部,再倒转望远镜后,在 B 点小尺上读数得 B_2 点。若 B_1 和 B_2 重合,则条件满足;若不重合,则此条件不满足,需要进行校正。

视准轴不垂直于横轴,相差一个 c 角(视准误差),则盘左照准 A 时倒转后照准 B_1 点,所得 B_1B 长为 $2c$ 的映射,盘右照准 A 时倒转后照准准 B_2 点,所得 B_2B 长也为 $2c$ 的映射,所以 B_1B_2 长为 $4c$ 的映射。视准误差为 $c = \dfrac{1}{4}\dfrac{B_1B_2}{OB}\rho$。式中,$\rho$ 为常数,其值约为 206265,是指 1 弧度对应

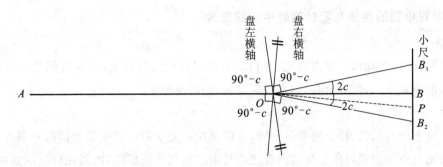

图 5.19　视准轴垂直于横轴的检验

的秒值,即 1 弧度约等于 206265″,可用下式精确计算:

$$\rho = 180 \times 3600/\pi = 206264.806247096 \approx 206265$$

ρ 通常用于单位转换,若需要将弧度转换为秒时直接乘以 ρ,若需要将秒值转换为弧度时除以 ρ 即可。

2) 校正

图 5.19 中,若视线与横轴不垂直,存在视准误差 c,$\angle B_1OB_2=4c$,则校正时只需校正一个 c 角。取靠近 B_2 点的 B_1B_2 的 1/4 处 P 点,假设 $\angle POB_2=c$。在照准部不动的条件下,在图 5-18 中,校正分划板校正螺旋,使十字丝交点左右移动使其对准 B 点,则此条件即可满足。

另外,视准轴是否垂直于横轴也可采用水平度盘读数法进行检验,方法是分别用盘左和盘右照准同一目标,得到盘左和盘右读数,两读数应相差 180°,若不相差 180°,则存在视准误差,且 $c=\dfrac{1}{2}(a_左-a_右\pm180°)$。校正时,盘右位置设置水平度盘读数为 $a'_右=a_右+c$(令盘左时 c 为正),此时十字丝交点不再对准目标,应利用十字丝校正螺丝校正十字丝分划板位置,使交点对准目标即可。这种检验方法只对水平度盘无偏心或偏心差影响小于估读误差时有效,若偏心差影响是主要的,这种检验将得不到正确的检验结果。

5. 横轴垂直于竖轴的检验与校正

1) 检验

如图 5.20 所示,首先将仪器架设在一个较高墙壁附近,整平以后,以盘左照准墙壁高处一清晰的目标 P(倾角>30°);然后将望远镜放平,标出视线在墙上的一点 P_1;再改为盘右照准 P 点,并放平视线,在墙上标出一点 P_2,如果 P_1 和 P_2 两点重合,则此条件满足,否则需要校正。

2) 校正

取 P_1、P_2 的中点 P',则点 P 和点 P' 在同一铅垂面内。照准 P' 点,将望远镜抬高到 P 点附近;保持仪器不动,打开横轴支架一端的护罩;松开偏心轴承的 3 个固定螺旋,使轴承轻微转动,同时上下移动横轴端点,使视线落在 P 点上;旋紧固定螺旋,并上好护罩。这项校正流程需打开支架护罩,不宜在室外进行。

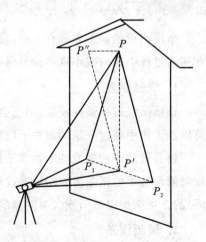

图 5.20　横轴垂直于竖轴的检验

6. 光学对中器的视线与竖轴旋转中心线重合

1) 检验

将仪器架好后,在地面上铺以白纸,在白纸上标出视线的位置点,然后将照准部平转180°,再标出视线的位置点,若两点重合,则条件满足,否则需要校正。

2) 校正

不同厂家生产的仪器,校正的部位不同,有的是校正光学对中器或望远镜的分划板,有的则校正直角棱镜。由于检验时所得前后两点之差是由二倍误差造成的,因而在标出两点的中间位置后,可以校正有关的螺旋使视线落在中间点上。光学对中器分划板的校正与望远镜分划板的校正方法相同,直角棱镜的校正装置位于两支架的中间,需校正直角棱镜的方向和位置。

7. 竖盘指标差

1) 检验

用盘左、盘右照准同一目标,并读得其读数 L 和 R,按指标差的计算公式计算其值 x。若不符合限差,则需校正。

2) 校正

保持盘右照准的目标不变,这时的正确读数应为 $R-x$。用指标水准管微动螺旋将竖盘读数安置在 $R-x$ 的位置上,这时水准管气泡必不再居中,可以调节指标水准管校正螺旋使气泡居中。有竖盘指标自动补偿器的仪器应校正竖盘自动补偿装置。

上述经纬仪的每一项校正,一般都需要反复进行,直至误差在容许的范围以内为止。

任务 6 角度测量误差及注意事项

一、角度测量的误差来源

角度测量的误差来源有3种:仪器误差、观测误差、外界条件的影响。下面就这3种误差及在测角过程中如何减小这些误差做详细介绍。

1. 仪器误差

仪器虽经过检验及校正,但总会有残余的误差存在。仪器误差的影响一般都是系统性的,可以在工作中通过一定的方法予以减小或消除。

仪器误差中的视准轴不垂直于横轴、横轴不垂直于竖轴、照准部偏心及竖盘的指标差等因素对测角造成的误差影响均可通过取盘左、盘右读数的平均值(或取盘左、盘右观测角值的平均值)的方法来加以抵消或大幅度减弱。

2. 观测误差

观测误差主要有:对中误差(测站偏心)、目标偏心、照准误差及读数误差。

1) 对中误差

对中误差对测角精度的影响取决于仪器对中装置的状况及操作的仔细程度。如图5.21所示，设 O 为地面标志点，O' 为仪器中心，OO' 的长度为对中时的偏心距 e，则实际测得的水平角为 β' 而不是应测的 β，两者差值为 $\Delta\beta$，其计算公式如下

$$\Delta\beta = \delta_1 + \delta_2 = e\rho\left(\frac{\sin\theta}{D_1} + \frac{\sin(\beta'-\theta)}{D_2}\right) \tag{5-5}$$

式中，θ 为观测方向与偏心方向夹角，D_1、D_2 分别为测站点至 A、B 的距离。

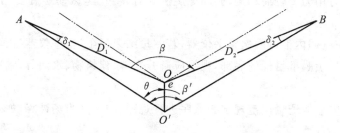

图5.21 对中误差对测角的影响

由式(5-5)可得，当 $\beta'=180°$，$\theta=90°$ 时，取 $D_1=D_2=D$，则 $\Delta\beta$ 值最大；当 $D=100$ m，$e=3$ mm 时，$\Delta\beta=12.4''$；当 $D=50$ m，$e=3$ mm 时，$\Delta\beta=25''$，因此，边长越短，对测角的影响越大。所以在测水平角时，边长越短，则对中的精度要求就越高。

2) 目标偏心

在测角时，通常都要在地面点上设置观测标志，如花杆、垂球等。标志与地面点对得不准，或标志没有铅垂，会造成照准的标志上部与地面标志点偏移。

与测站偏心类似，偏心距越大，边长越短，则目标偏心对测角的影响越大。在观测角度时，标杆底部要对准地面点并且要竖直；在瞄准时，应尽可能地瞄准目标的底部。短边测角时，尽可能用垂球作为观测标志。

3) 照准误差

照准误差大小与人眼的分辨能力、望远镜放大率、目标标志(大小、形状、颜色)和大气的透明度等因素有关。一般人眼的分辨能力为 $60''$；设望远镜的放大率为 v，则照准时的分辨能力为 $\frac{60''}{v}$。一般 DJ_6 光学经纬仪望远镜的放大倍率 v 为 25~30 倍，因此瞄准误差 m_v 一般为 $2.0''\sim 2.4''$。

在观测中我们应尽量消除视差，选择适宜的照准标志，掌握瞄准方法，熟练操作仪器，并仔细瞄准以减小误差。对于粗的目标而言，宜用双丝照准，细的目标则用单丝照准。

4) 读数误差

分微尺读法主要是估读最小分划的误差，对径符合读法主要是对径符合的误差所带来的影响，所以在读数时应特别注意。一般读数时，应读到最小刻度的十分之一。

3. 外界条件的影响

影响测量结果的外界条件包括：天气、地面土质松紧的差异、地形的起伏，以及周围建筑物的状况等。例如，有风会使仪器不稳，强烈阳光照射会使水准管变形，地面土松软会使仪器下沉，视线靠近反光物体会有折光影响等。测角时，应尽量避免这些情况的出现。

二、角度测量的注意事项

角度测量应根据测量规范规定的要求进行,以防止错误及减小误差。另外,在角度测量过程中,还应注意以下事项:

(1) 选择有利的时间进行观测,应避开大风、雾天、烈日等不利的天气;

(2) 仪器应安置稳定、高度适中,以方便观测并减弱地面辐射影响;

(3) 使用仪器时用力要轻而均匀,制动螺旋不要拧得过紧,微动螺旋要用中间位置,否则容易对仪器造成损坏;

(4) 观测时,一测回内不可两次整平仪器,若测量结果超限,整平仪器后重测该测回。

(5) 瞄准时应尽量瞄准目标的底部,视线应避开烟雾、建筑物、水面等,瞄准和读数时都要消除视差;

(6) 观测过程中应按测量规范规定的顺序进行观测、记录并当场计算,如发现错误或误差过大,马上返工重测。

任务 7 电子经纬仪

一、电子经纬仪的功能及分类

电子经纬仪是一种可以同时进行角度(水平角、竖直角)测量、距离(视距)测量,并自动显示和记录水平角、竖直角的测量仪器,如图 5.22 所示。电子经纬仪与光学经纬仪的根本区别在于:电子经纬仪是利用光电转换原理和微处理器自动测量度盘的读数并将测量结果显示在仪器显示窗上。例如,将电子经纬仪与电子手簿连接,则可以自动储存测量结果。

电子经纬仪的测角系统有 3 种:编码度盘测角系统、光栅度盘测角系统和动态测角系统。

图 5.22 电子经纬仪

1. 编码度盘测角系统

光学编码度盘是在度盘上刻数道同心圆,等间隔地设置透光区和不透光区,用透光和不透光分别代表二进制中的"0"和"1",在码盘下方设置数个接收元件。测角时,度盘随照准部旋转到某一目标不动后,由该处是否导电得到其电信号状态,然后通过译码器将其转换为角度值,并在显示屏上显示。编码度盘可以在任意位置上直接读取度、分、秒值。编码测角又称为绝对式测角。

2. 光栅度盘测角系统

光栅度盘是在玻璃圆盘的径向,均匀地刻有许多等间隔的狭缝。光栅的基本参数是刻线密度(每毫米的刻线条数)与栅距(相邻两栅之间的距离)。光栅的线条处为不透光区,缝隙处为透光区。望远镜从一个方向转到另一个方向时,流过光电管的光信号就是两方向间的光栅数,光栅数最后转换成两方向间的夹角,并显示出来。

3. 动态测角系统

度盘由等间隔的明暗分划线构成,明的透光,暗的不透光,相当于栅线和缝隙。在度盘的内外边缘各设一个光栏,设在外边缘的固定不动,称为固定光栏 LS,相当于光学度盘 0°刻划线。设在内边缘的随照准部一起转动,称为活动光栏 LR,相当于光学度盘的读数指标线,它们之间的夹角即为要测的角度值。在光栏上装有发光二极管和光电接收传感器,且分别位于度盘的上、下侧。测角时,微型马达带动度盘旋转,使发光二极管发射红外光线并被设在另一侧的光电接收传感器接收,从而完成对度盘的扫描。这样,由计取的两光栏之间的分划数,即可求得所测的角度值。

目前,市场上电子经纬仪的种类较多,不同国家或厂家生产的电子经纬仪,基本结构和工作原理大致相同,而在仪器的操作方面有一定的区别,因此在使用前,应仔细认真阅读使用说明书。

二、电子经纬仪的构造

电子经纬仪主要包括照准部、显示器、操作键、信号接口、基座 5 个部分,如图 5.23 所示。

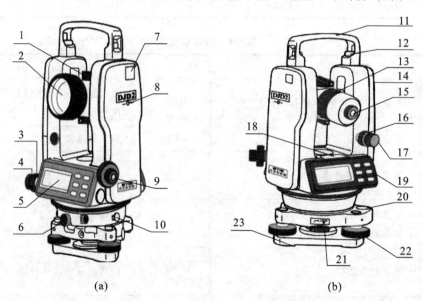

图 5.23 电子经纬仪的构造

1—望远镜物镜;2—望远镜粗瞄器;3—水平制动手轮;4—水平微动手轮;5—液晶显示器;6—下水平制动手轮;7—通信接口(用于与 EDM 连接);8—仪器中心标记;9—光学对点器望远镜;10—RS-232C 通信接口;11—手提把;12—手提把固定螺丝;13—望远镜调焦手轮;14—电池;15—望远镜目镜;16—垂直自动手轮;17—垂直微动手轮;18—长水准器;19—操作键;20—圆水准器;21—基座固定板把;22—安平角螺旋;23—底板

电子经纬仪显示标记及键盘功能说明分别如表 5.5、表 5.6 所示。

表5.5 显示标记

显示标记	含义	显示标记	含义
V	垂直角	$\overline{BAT}$	电池电压
HR	水平角右旋递增	 ☀	EDM工作
HL	水平角左旋递增	◿	水平距离
Ht	重复测量角度累计	◺	斜距
HAVG	重复测量次数/角度平均值	◿	高差
REP	重复角度测量	╱	N坐标
TILT	倾斜校正模式	∠	E坐标
F	功能键选择模式	⌐	Z坐标
%	百分比	SO	放样测量
G	显示单位GON		

表5.6 键盘功能

键名	功能	键名	功能
R/L	右旋/左旋水平角(测量选择)	REC	记录键,按动一次保留数据,再按动一次传递数据
HOLD	固定水平角	REP	重复角度测量
FUNC	第二功能键选择	 ☼	显示器和视距板照明开关
ANG%	竖直角显示 竖直角/百分比选择	↙	坐标测量模式 N、E、Z坐标显示的转换
OSET	水平角置零	◿	距离测量模式的转换
POWE	电源开关	◀▶	闪烁数字向左或向右移动
		▲	增加闪烁数码

三、电子经纬仪模式设置

电子经纬仪的工作模式有两种:测距模式、测角模式。两种模式下的详细配置如表5.7、表5.8所示。

项目 5 角度测量

表 5.7 测距模式

序 号	项 目	内 容	置放数值 0	置放数值 1
1	距离单位	选择距离单位米/英尺	米	英尺
2	距离显示顺序	选择距离显示顺序	HD VD SD	SD HD VD
3	H.I 误差校正	设置是否进行仪器高差	OFF	ON
4	两差校正	设置是否进行两差校正	OFF	ON
5	两差校正系数	两差校正系数 $K=0.14$ 或 $K=0.20$	$K=0.14$	$K=0.20$
6	NEZ 记忆功能	关机后仍保留仪器点坐标	OFF	ON
7	NEZ/ENZ	选择显示坐标的顺序	NEZ	ENZ

表 5.8 测角模式

序号	项 目	内 容	置放数值 0	置放数值 1
1	角度单位 DEG/GON	角度单位"度"	DEG	GON
2	角度单位 MIL	选择角度单位	DEG/GON	MIL
3	垂直角 天顶 0/垂直 0	选择自天顶(或水平测垂直角)	天顶	水平
4	最小角度单位	选择最小角度单位	5″	1″
5	倾斜校正 ON/OFF	设置倾斜校正功能	OFF	ON
6	自动断电功能 ON/OFF	设置连续 30 分钟无操作的自动断电功能	OFF	ON
7	输出数据类型	选择 REC-A 或 REC-B 两种类型输出数据: REC-A:测量开始输出重新测量数据 REC-B:输出当前显示的数据	REC-A	REC-B
8	CR、LF(回车、换行)	选择是否输出带回车换行的数据	OFF	ON

在最小角度为 5″,不设置自动断电的情况下,测角模式的设置方法如图 5.24 所示。距离模式的设置方法,除第一步按住 AGN 键开机外,其他步骤均与角度设置相同。

四、角度和距离测量

电子经纬仪测角原理与光学经纬仪大致相同,具体操作步骤如下。

1. 测量前的准备工作

(1)安装电池;

(2)将仪器架设在测站点上,对中、整平,并在目标点上安置棱镜;

(3)设置竖直度盘和水平度盘指标:松开竖直度盘、水平度盘的制动钮,将照准部旋转 360°并将望远镜纵转一周,听见一声鸣响并显示出竖直角、水平角读数时,竖直度盘、水平度盘指标

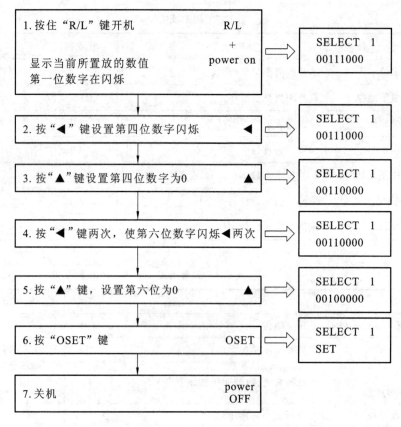

图 5.24 测角模式设置

设置完毕。

注意：每次打开仪器电源时,必须重新设置指标。

(4) 调焦与照准目标,注意消除视差。

2. 角度测量

(1) 首先从显示屏上确定是否处于角度测量模式,如果不是,则按操作键进行转换；

(2) 盘左瞄准左目标 A,按置零键,使水平度盘读数显示为 $00°00'00''$,顺时针旋转照准部,瞄准右目标 B,读取显示读数；

(3) 同样方法进行盘右观测；

(4) 如果测竖直角,可在读取水平度盘的同时读取竖盘的显示读数。

3. 距离测量

(1) 首先从显示屏上确定是否处于距离测量模式,如果不是,则按操作键进行转换；

(2) 照准棱镜中心,这时显示屏上能显示箭头前进的动画,前进结束则完成坐标测量,得出距离,其中,HD 为水平距离,VD 为倾斜距离。

五、注意事项

使用电子经纬仪的注意事项如下：

(1) 运输仪器时,应采用原装的包装箱运输、搬动;
(2) 近距离将仪器和脚架一起搬动时,应保持仪器竖直向上;
(3) 拔出插头之前应先关机,测量过程中拔出插头可能会丢失数据;
(4) 换电池前必须关机;
(5) 仪器只能存放在干燥的室内,仪器充电时的周围温度应在10~30 ℃之间;
(6) 全站仪是精密贵重的测量仪器,要防日晒、防雨淋、防碰撞震动,严禁将仪器直接照准太阳。

项目 6

距离测量

距离测量是指确定距离长度的工作,是测量的最基本工作之一。测量工作中用到的距离一般指平距,当距离不太长时,通常不考虑地球曲率的影响。按使用的仪器和工具的不同,距离测量分为钢尺量距、视距测量、电磁波测距、全球定位系统(GPS)测量等形式。本章主要介绍钢尺量距、视距测量、电磁波测距3种方法。

任务 1 钢尺量距

一、钢尺量距的基本工具

同角度测量一样,测量地面上两点之间的距离也是最基本的测量工作之一。测量距离的精度要求不同,所采用的方法和工具也不同。普通钢尺量距常用工具有钢尺(或皮尺)、测钎、花杆、垂球等,精密钢尺量距常用工具有钢尺、经纬仪、测钎、花杆、垂球、弹簧秤、温度计等。

1. 钢尺

钢尺又称为钢卷尺,一般宽 0.8～1.5 cm,厚 0.3～0.5 mm,长度通常有 20 m、50 m、100 m 等几种。钢尺的一端为扣环,另一端装有手柄,收卷后如图 6.1 所示。还有一种稍薄一些的钢卷尺,称为轻便钢卷尺,其长度有 10 m、20 m、50 m 等几种,通常收卷在一皮盒或铁皮盒内,如图 6.2 所示。

图 6.1 钢卷尺

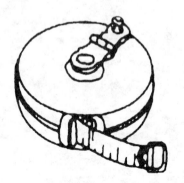

图 6.2 轻便钢卷尺

钢卷尺因长度起算的零点位置不同,有端点尺和刻线尺两种。端点尺的起算零点位置是以尺端的扣环起算的,如图6.3(a)所示。刻线尺是以刻在尺端附近的零分化线起算的,如图6.3(b)所示。端点尺使用比较方便,但量距精度较刻线尺低一些。

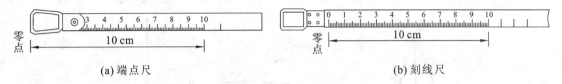

(a) 端点尺　　　　　　　　　　　　(b) 刻线尺

图 6.3　端点尺和刻线尺

一般钢卷尺上的最小分划为厘米,在零端第一分米内刻有毫米分划,在每米和每分米的分划线处,都注有数字。此外,在零端附近还有尺长(如 20 m)、温度(如 20 ℃)及拉力(如 5 kg)等数值,这说明在规定温度(如 20 ℃)及拉力(如 5 kg)条件下该钢尺的实际长度(20 m)。当条件改变时,钢尺的实际长度也随之改变。为了在不同条件下求得钢尺的实际长度,每支钢尺在出厂时都附有尺长方程式。在实际测量工作中,钢尺长度应经常进行检定,其检定方法在本节中不做叙述。

2. 皮尺

皮尺(布卷尺)的外形和轻便钢卷尺差不多,整个尺子收卷在一皮盒中,长度有 20 m、30 m、50 m 等几种,一般为端点尺。由于皮尺布带受拉力影响较大,所以皮尺常在量距精度不高时使用。

二、直线定线

用木桩或测钎在地面上标定欲丈量直线走向的方法称为直线定线,以确保丈量的各段距离在一条直线上。直线定线工作一般分为目估定线法和仪器定线法两种。普通钢尺量距精度要求较低,一般用目估定线法进行直线定向,精密钢尺量距多采用经纬仪定线法。

1. 目估定线法

如图6.4所示,设互相通视的两点 A 和 B,分别在 A、B 两点上竖立标杆,甲站在 A 点标杆后1~2 m处,观测乙持标杆在 AB 方向附近移动,当与 A、B 两点的标杆重合时,即 A、2、B 在同一直线上。通常情况下,点与点之间的距离宜稍短于一整尺子长,地面起伏较大时则宜更短。

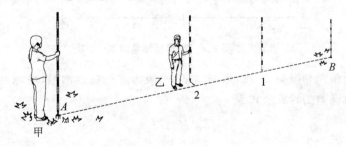

图 6.4　目估定线法

2. 仪器定线法

精密钢尺量距中,测量的精度要求较高,一般采用仪器定线法。如图6.5所示,在直线的 A 点整置经纬仪,照准 B 点标杆底部或标志中心;固定照准部,松开望远镜制动螺旋,俯仰望远镜,在 AB 方向的照准面内按略小于尺段长的各节点打下木桩；并按经纬仪十字丝中心指挥另一人在木桩顶面画"⊕"字，表示中心点位置。

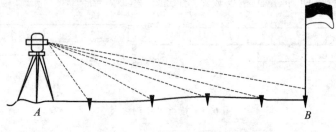

图 6.5　仪器定线法

三、普通钢尺量距

普通钢尺量距方法方便、直接，且成本较低，它按测量对象分为平坦地面量距和倾斜地面量距。无论哪一种地面测量都需要先进行直线定线工作。

1. 平坦地面量距

目估定线后即可进行平坦地面距离的丈量工作。丈量工作一般需要三人，分别担任前司尺员、后司尺员和记录员。丈量时，后司尺员持钢尺零点端，前司尺员持钢尺末端，通常在土质地面上用测钎标示尺端端点位置。丈量时尽量用整尺段，一般仅末段用零尺段测量，如图 6.6 所示。整尺段数用 n 表示，余长用 q 表示，则地面两点间的水平距离为

$$D = nl + q \tag{6-1}$$

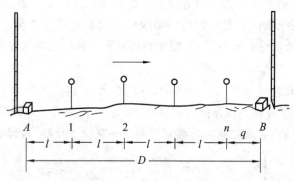

图 6.6　平坦地面量距

为了避免出现错误和提高丈量结果的精度，一般需进行往返测量，用相对误差来表示测量成果的精度。相对误差的计算公式为

$$K = \frac{|D_{往} - D_{返}|}{D} \tag{6-2}$$

计算相对误差时，往、返测量结果取绝对值，分母取往返测量结果的平均值，并化为分子为 1 的分数形式。在平坦地区，这项工作常与丈量同时进行，即边丈量边定线。

【例 6-1】 AB 往测长为 400.08 m，返测长为 399.98 m，则相对误差为

$$K = \frac{|D_{往} - D_{返}|}{D} = \frac{0.10}{400.03} = \frac{1}{4000.3}$$

一般要求 K 在 1/3000～1/1000 之间,当量距相对误差没有超过规范要求时,取往、返丈量结果的平均值作为两点间的水平距离。

2. 倾斜地面量距

如果丈量工作是在倾斜不大的地面量距时,一般采取抬高尺子一端或两端,使尺子呈水平以量得直线的水平距离。如图 6.7 所示。

当倾斜地面的坡度均匀,大致成一倾斜面时,可以沿斜坡丈量 AB 的斜距 L,测得 A、B 两点间的高差 h,则水平距离为

$$D=\sqrt{L^2-h^2} \tag{6-3}$$

若测得地面的倾角 α,则

$$D=L \cdot \cos\alpha \tag{6-4}$$

倾斜改正如图 6.8 所示。

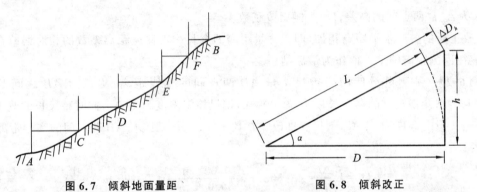

图 6.7 倾斜地面量距　　　　图 6.8 倾斜改正

四、精密钢尺量距

1. 测量方法

丈量前,先用仪器定线法,在方向线上设置木桩标定出略短于测尺长度的线段的端点,并在桩顶面刻画一个"⊕"字表示端点点位。丈量时,从直线一端开始,将钢尺一端连接在弹簧秤上,钢尺零端在前,末端在后;然后将钢尺两端置于木桩上,两司尺员用检定时的拉力把钢尺拉直并按于柱顶"⊕"字标志进行读数。读数时,先读后端,后读前端(读到 mm 位),随即将读数计入手簿。以同样的方法进行往返逐段丈量即可得到最终结果。

这种丈量方法要求每尺段进行 3 次读数,以减小误差。在丈量前和丈量后,应使用仪器测定每尺段的高差,并记录丈量时的温度。

2. 尺段长度计算

精密钢尺量距每一测段都要对丈量成果进行尺长、温度、倾斜改正,经三项改正后就可求得水平距离为

$$D=L+\Delta D_l+\Delta D_t+\Delta D_h \tag{6-5}$$

式中,L 为测段实测距离;ΔD_l 为尺长改正数;ΔD_t 为温度改正数;ΔD_h 为倾斜改正数。

1) 尺长改正

尺长改正公式为

$$\Delta D_l = L\frac{\Delta l}{l} \tag{6-6}$$

式中,l 为钢尺名义长度;Δl 为钢尺检定温度时整尺长的改正数,即尺长方程式中的尺长改正数;ΔD_l 为该段距离的尺长改正数。

2) 温度改正

温度改正公式为

$$\Delta D_t = L\alpha(t-t_0) \tag{6-7}$$

式中,t_0 钢尺检定温度;Δt 为钢尺丈量时温度;ΔD_t 为该段距离的温度改正数。

3) 倾斜改正

倾斜改正公式为

$$\Delta D_h = D - L = -\frac{h^2}{2L} \tag{6-8}$$

式中,h 为 A、B 两点间的高差;D_h 为倾斜改正数。

将改正后的各段水平距离相加,即得丈量距离的全长。若往返距离差数的相对误差在限差内,则取往返测距离的平均值作为最后结果。

【例 6-2】 某测量员使用一钢尺丈量 AB 两点间的直线距离,丈量出 AB 之间距离为 48.868 m。已知该钢尺的名义长度为 50.000 m,钢尺检定温度为 20 ℃,此时整尺长的改正数为 0.002 m,丈量时温度为 30 ℃,钢尺温度改正常数 $\alpha = 0.000\,011$,求 AB 两点间的实际距离。

【解】 (1) 尺长改正。

$$\Delta D_l = L\frac{\Delta l}{l} = 48.868 \text{ m} \times \frac{0.002 \text{ m}}{50.000 \text{ m}} = 0.00195 \text{ m}$$

(2) 温度改正。

$$\Delta D_t = L\alpha(t-t_0) = 48.868 \text{ m} \times 0.000011 \times (30-20) \text{ ℃} = 0.00538 \text{ m}$$

则 AB 两点的实际距离为

$$D = L + \Delta D_l + \Delta D_t = (48.868 + 0.00195 + 0.00538) \text{ m} = 48.875 \text{ m}$$

五、钢尺量距的注意事项

钢尺量距的注意事项如下。

(1) 伸展钢尺时,要小心慢拉,钢尺不可扭曲、打结。若发现扭曲、打结情况,应细心解开,不能用力抖动,否则容易折断。

(2) 丈量前,应辨认清钢尺的零端和末端。丈量时,钢尺应逐渐用力拉平、拉直、拉紧,不能突然猛拉。丈量过程中,钢尺拉力应尽量保持恒定。

(3) 转移尺段时,前、后拉尺员应将钢尺提高,不应在地面上拖拉摩擦。钢尺伸展开后,不能让行人、车辆等从钢尺上通过,否则极易损坏钢尺。

(4) 测钎应对准钢尺的分划并插直。单程丈量完毕,前、后拉尺员应检查手中测钎数目,避免加错或算错整尺段数。一测回丈量完毕后,应立即检查限差是否合乎要求,不合乎要求时,应重测。

(5) 丈量工作结束后,要用干净布将钢尺擦干净,并上油防止生锈。

任务 2 视距测量

视距测量是一种采用经纬仪间接测定两地间的水平距离和高差的测量方法,常用于地面高低起伏较大,且直接量距有困难的地区。该方法操作方便,速度较快,但精度较低。

视距法测距所用的仪器和工具为经纬仪和视距尺。视距尺是一种漆有黑白相间的、带有厘米分划值的尺子,每分米标注有数字。

一、视距测量原理

视距测量按经纬仪视准轴的位置分为视准轴水平时的视距测量和视准轴倾斜时的视距测量。

1. 视准轴水平时的视距测量公式

内调焦望远镜的物镜系统是由物镜 L_1 和调焦透镜 L_2 两部分组成,如图 6.9 所示。当标尺 R 在不同距离时,为使它的像落在十字丝平面上,必须移动 L_2,因此,物镜系统的焦距是变化的。下面就图 6.9 所示的情况讨论内调焦望远镜的视距公式。

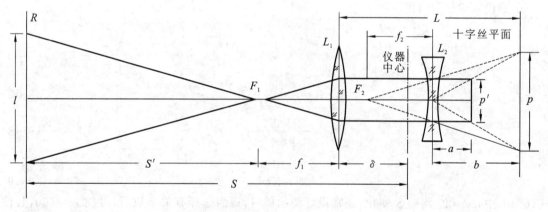

图 6.9 视距测量原理

设望远镜的视准轴水平,并瞄准一竖立的视距尺 R,由上、下视距丝在尺面的两个读数之差,即可得到视距间隔。

由透镜 L_1 成像原理可得

$$\frac{S'}{f_1} = \frac{l}{p'} \tag{6-9}$$

式中,l 为物的视距尺上的间隔;p' 为 l 经透镜之后的像。

由透镜 L_2 成像原理可得

$$\frac{p}{p'} = \frac{b}{a} \tag{6-10}$$

式中,p' 为物(实际是 l 经透镜 L_1 后的像);p 为 p' 的像,p 为十字丝分划板上视距丝之间的距离;a 为物距;b 为像距。

因 L_2 为凹透镜,而且作为物的 p' 是在光线的出射光一方,则由透镜成像公式得

$$\frac{1}{b}-\frac{1}{a}=\frac{1}{f_2} \tag{6-11}$$

即

$$\frac{1}{a}=\frac{f_2-b}{bf_2} \tag{6-12}$$

将式(6-12)代入式(6-10)得

$$\frac{1}{p'}=\frac{f_2-b}{pf_2} \tag{6-13}$$

将式(6-13)代入式(6-9)得

$$S'=\frac{f_1(f_2-b)}{pf_2}l \tag{6-14}$$

由图 6.9 可见,标尺至仪器中心的距离 S 为

$$S=\frac{f_1(f_2-b)}{pf_2}l+f_1+\delta \tag{6-15}$$

令

$$b=b_\infty+\Delta b$$

式中,b_∞ 为 S 为无穷大时 b 的值。

上式代入式(6-15)得

$$S=\frac{f_1(f_2-b_\infty-\Delta b)}{pf_2}l+f_1+\delta=\frac{f_1(f_2-b_\infty)}{pf_2}l-\frac{f_1\Delta b}{pf_2}+f_1+\delta \tag{6-16}$$

令

$$K=\frac{f_1(f_2-b_\infty)}{pf_2} \tag{6-17}$$

$$c=-\frac{f_1\Delta b}{pf_2}l+f_1+\delta \tag{6-18}$$

则

$$S=Kl+c \tag{6-19}$$

式(6-18)中,Δb 和 l 均随 S 变化,通常设计望远镜时,适当选择有关参数后,可使 $K=100$,且使 $\frac{f_1\Delta b}{pf_2}l$ 和 $f_1+\delta$ 基本相等,即 c 可忽略不计,于是式(6-19)改写为

$$S=Kl=100\cdot l \tag{6-20}$$

2. 视准轴倾斜时的视距测量公式

如图 6.10 所示,B 点高出 A 点较多,不可能用水平视线进行视距测量,必将把望远镜视准轴放在倾斜位置。此时,如果尺子仍竖直立着,则视准轴不与尺面垂直,式(6-20)不再适用,且视距尺与望远镜视准轴难以垂直,因此,在推导水平距离的公式时,必须导入两项改正:一是对视距尺不垂直于视准轴的情况进行改正;二是视线倾斜的改正。

测定倾斜地面线 AB 的水平投影 S 时(见图 6.10),在 A 点安置仪器,在 B 点竖立视距尺,望远镜内上、下视距丝和中丝分别截在尺上 M'、G' 和 Q 点。若安放的视距尺与视准轴垂直,则视距丝将分别截在尺上的 M 和 G 两点。因为

$$\angle MQM'=\angle GQG'=\alpha \tag{6-21}$$

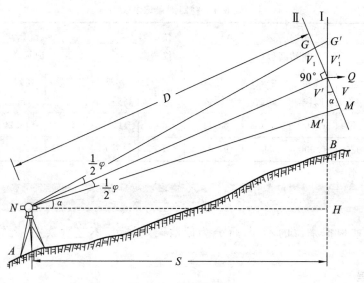

图 6.10 视准轴倾斜

所以

$$\angle QMM' = 90° - \frac{1}{2}\varphi \tag{6-22}$$

$$\angle QGG' = 90° + \frac{1}{2}\varphi \tag{6-23}$$

由于 $\frac{\varphi}{2}$ 很小,故可以把 $\angle QMM'$ 和 $\angle QGG'$ 当作直角。由图 6.10 可知

$$V + V_1 = V'\cos\alpha + V'_1\cos\alpha \tag{6-24}$$

式中,$V+V_1$ 是两视距丝所截竖直视距尺的间隔 l,而 $V+V_1$ 是假设视距尺与视准轴垂直时两视距丝在尺上的间隔 l_0,因此,式(6-24)可改写为

$$l_0 = l\cos\alpha \tag{6-25}$$

应用式(6-20)可得出倾斜直线 NQ 的长度为

$$D = Kl_0 = Kl\cos\alpha \tag{6-26}$$

将倾斜距离折算成水平距离 S 需乘以 $\cos\alpha$,则

$$S = Kl\cos^2\alpha \tag{6-27}$$

二、视距测量作业方法

视距测量作业流程如下。
(1) 将经纬仪安置在测站 A 上,对中、整平。
(2) 量仪器高 i。
(3) 将视距尺竖立于待测点上,用望远镜瞄准视距尺,先分别读出上、下视距丝读数和中丝读数,再读竖盘读数,并将所有读得的数据记入视距测量手簿中(见表 6.1)。
(4) 根据上、下视距丝读数,算出视距间隔 t;把竖盘读数换算为竖角 δ,再计算出测点至测站的水平距离和高程。

表 6.1 视距测量记录表

日期_____		测站名称___A___		仪 器_____		观测者_____				
天气_____		测站高程_____		仪器高_____		记录者_____				

测点	下丝读数	上丝读数	视距间隔	中丝读数	竖盘读数	竖角	初算高差/m	改正数/m	高差/m	观测点高程/m	水平距离/m
B	2.500	1.500	1.000	2.000	83°11′	+6°49′	+11.78	−0.58	+11.20	57.74	98.6
C	1.920	0.920	1.000	1.420	94°27′	−4°27′	−7.74	0.00	−7.74	38.80	99.4

三、视距测量误差分析

视距测量误差根据来源的不同,可分为读数误差、标尺不竖直误差、大气折光及天气误差等。

1. 读数误差

由视线水平时的视距公式 $S=Kl$ 可知,视距间隔 l 的读数误差被扩大 100 倍,即读数误差为 1 mm,对距离的影响为 0.1 m,因此,标尺读数前应先消除视差,上、下丝读数应几乎同时进行;视距测量的距离不能太长,测量的距离越长,标尺 1 cm 分划的长度,在望远镜十字丝分划板上的成像长度越小,读数误差越大。

2. 标尺不竖直误差

标尺倾斜对测定水平距离的影响,随视准轴竖直角的增大而增大。在山区测量时,应特别注意将标尺竖直。标尺偏离铅垂线方向为 α 角时,对水平距离的影响为

$$\mathrm{d}D = -\frac{1}{2}Kl\sin 2\alpha \frac{\mathrm{d}\alpha}{\rho} \quad (6-28)$$

由式(6-28)可知,目估使标尺竖直的误差 $\alpha=5°$ 时,$\mathrm{d}D=0.15$ m;$\alpha=30°$ 时,$\mathrm{d}D=0.76$ m。

3. 大气折光及天气误差

日光照射下,大气湍流会使成像晃动,近地面大气折光会使视线产生弯曲,因此视距测量时,架设仪器高度要适中,视线不要太贴近地面,以减小误差。另外,风力会使标尺摇动,从而使视距测量产生误差,因此,成像晃动剧烈或风力较大时,应停止观测。阴天且有微风是观测最有利的气象条件。

任务 3 电磁波测距

由于钢尺量距受地形限制较大,所以视距测量精度较低,但随着科学技术的发展,各国自 20 世纪 60 年代开始相继研制出各种类型的电磁波测距仪,如激光测距仪、微波测距仪、红外测距仪等。近些年,由测距仪与电子经纬仪结合组成的全站仪,可以同时进行角度和距离的测量,并能显示平距、高差和坐标增量,其配合电子记录手簿,可以自动记录、存储、输出观测数据,使测量工作大为简化,在小面积控制测量、地形测量及各种工程测量中得到广泛应用,从而使距离测量发生了革命性的变化。

项目 6
距离测量

一、电磁波测距原理

1. 电磁波测距概述

电磁波测距的基本原理是通过测定电磁波在待测距离两端点间往返一次的传播时间 t,利用电磁波在大气中的传播速度 c,来计算两点间的距离。

如图 6.11 所示,若测定 A、B 两点间的距离为 D。将测距仪安置在 A 点,反射镜安置在 B 点,则其距离 D 的计算公式为

$$D = \frac{1}{2}ct \tag{6-29}$$

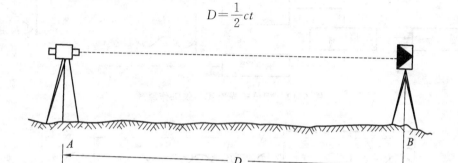

图 6.11　电磁波测距

电磁波测距仪是以电磁波为载波传输测距信号的仪器,其按所采用的载波可分为微波测距仪和光电测距仪两类,光电测距仪又可分为激光测距仪和红外测距仪两类。

微波测距仪和激光测距仪多用于远程测距,测程可达数十公里,一般用于大地测量领域。红外测距仪用于中、短程测距,一般用于小面积控制测量、地形测量和各种工程测量。

2. 相位式光电测距的基本原理

相位式光电测距是通过测量调制光在测线上往返传播所产生的相位移,测定调制波长的相对值来求出距离 D。相位式光电测距仪的基本工作原理如下。

由光源灯发出的光通过调制器后,成为光强随高频信号变化的调制光射向测线另一端的反射镜,经反射镜反射后被接收器所接收,然后由相位计将发射信号与接收信号进行相位比较,从而获得调制光在被测距离上往返传播所引起的相位移 φ,并由显示器显示出来。如图 6.12 所示。

如果将调制波的往、返程摊平,有如图 6.13 所示的波形,则有:

全程相位变化值为

$$\varphi = 2\pi \cdot ft = 2\pi\left(N + \frac{\Delta\varphi}{2\pi}\right) \tag{6-30}$$

对应的距离值为

$$D = \frac{\lambda}{2}(N + \Delta N) \tag{6-31}$$

式中,N 为相位移的整周期数或调制光整波长的个数,其值可为零或自然数;λ 为调制光的波长。

相位式光电测距仪一般只能测定 $\Delta\varphi$ 而无法测定整周期数 N,这会使式(6-31)产生多值解,因此距离 D 仍需通过求出 N 后才能确定。

设 $p = \frac{\lambda}{2}$,则当 $p > D$ 时,有 $N = 0$,此时可求得确定的距离值,即

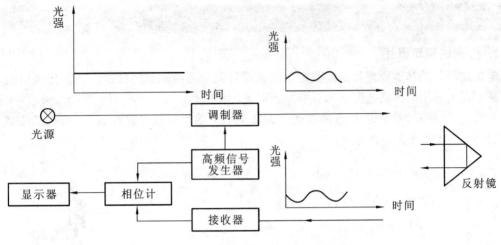

图 6.12　相位式光电测距仪工作原理

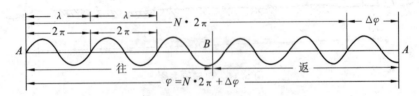

图 6.13　相位式光电测距仪调制波形

$$D = p \cdot \Delta N \qquad (6\text{-}32)$$

为了扩大单值解的测程,就必须选用较长的测尺,即选用较低的频率。由于仪器测相位移误差对测距误差的影响随测尺长度的增加而增大,所以为了解决扩大测程与提高精度的矛盾,可以采用一组测尺共同测距,以短测尺(精测尺)保证精度,用长测尺(粗测尺)保证测程,从而也解决了多值性问题。

二、手持式测距仪的使用方法

手持测距仪是一种既小巧又方便的测量长度的仪器,专为室内使用而设计,方便快捷,在房地产测绘中应用较为广泛。手持测距仪是通过连续发射带有调制信号的一些测量激光束,经过计算得到相应的距离、面积、体积等测量数据。在测量目标不方便接近的情况下,用手持测距仪可以很容易测量。下面以应用较多的徕卡基本型 lite5 为例,介绍手持测距仪的使用方法。

图 6.14 所示为徕卡基本型 lite5 手持测距仪,内置有水泡,便于在水平距离测量时将仪器置于水平位置,适用于 0.2~100 m 范围内的距离测量,其测量精度可达 3 mm/100 m,测量时间为 0.4~4 s/次。它以小巧耐用、测量精度高、操作简单的特点,在房地产等基础测量中被广泛应用。

徕卡基本型 lite5 手持测距仪进行距离、面积、体积等测量工作的具体操作步骤如下。

1. 距离测量

按下开机键,选择距离测量功能,照准目标时按下测量键,待屏幕显示读数后(时间不大于 4 s),则测距工作完成。

项目 6
距离测量

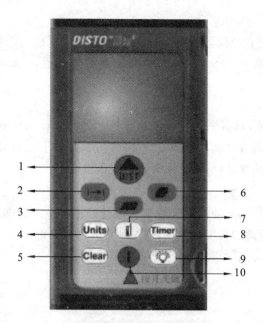

图 6.14　手持测距仪

1—测量；2—距离测量；3—面积测量；4—单位转换；5—取消；6—体积测量；
7—参考面转换；8—延时测量；9—背景光照明；10—开、关机

2. 面积测量

开机后,选择面积测量功能,测出待测面积的长和宽,测距仪记录长和宽后自动计算面积,并将所测的面积以及长和宽显示在屏幕上。

3. 体积测量

开机后,选择体积测量功能,测出待测体积的长、宽、高,测距仪记录长、宽、高后自动计算体积,并将所测的体积以及长、宽、高显示在屏幕上。

4. 延时测量

延时测量用以实现定时测量,按下延时测量键后,测距仪在规定的时间内完成测量工作。

5. 其他功能介绍

参考面转换键——用以选择测量的起点,即以测距仪的尾部或顶部为基准；

单位转换键——用以选择单位；

取消键——可以实现清零功能,使测距仪进入测量初始状态；

背景光照明键——在光线昏暗的状态下,照亮屏幕,方便读数。

另外,徕卡测距仪有多种型号:迷你型 A3、多面型 A5、智能型 Pro4 等。它们的操作大体相同,这里就不再一一介绍,使用前详细阅读说明书即可。需特别注意的是,测量员使用手持测距仪进行房产测绘过程中,必须取得合格的检定证书,且一年检定一次。

三、测距结果整理

通过使用光电测距仪进行外业作业后,需对测距结果进行整理计算,得出所求的结果资料。测距结果整理主要改正下面这几项参数。

1. 加常数改正

测距仪的距离起算中心与仪器的安置中心不一致,以及反射镜等效反射面与反射镜安置中心不一致,使仪器测得距离 D' 与所要测定的实际距离 D 不相等,一般将两者之差 a 称为测距仪的加常数。

$$a = D - D' \tag{6-33}$$

实际上,a 为一固定值,与所测距离的长短无关。当测距仪和反射镜构成固定的一套设备后,其加常数可以测出。通常可将 a 预置在仪器中,在测距时自动加以改正。由于仪器在使用一段时间后,加常数会有所变化,所以需要进行加常数检定。

2. 乘常数改正

测距仪在使用过程中,实际的调制光频率与设计的标准频率之间的偏差,将会影响测距结果的精度。这种影响与距离的长度成正比,通过乘常数进行改正。

设 f 为标准频率,f' 为实际工作频率,则乘常数为

$$b = \frac{f' - f}{f'} \tag{6-34}$$

乘常数改正值为

$$\Delta D_R = -bD' \tag{6-35}$$

式中,D' 为实测距离值,单位为 km;b 为乘常数,单位为 mm/km。

3. 气象改正

气象改正公式为

$$\Delta S_1 = D'(n_0 - n_i) \times 10^6 \tag{6-36}$$

式中,ΔS_1 为气象改正值,单位为 mm;N_0 为仪器气象参考点的群折射率;N_i 为测量时气象条件下实际的群折射率。

折光改正值的计算公式为

$$\Delta S_2 = -(k - k^2) \frac{S^3}{12r^2} \tag{6-37}$$

式中,ΔS_2 为折光改正值,单位为 m。注意:10 km 以上的距离做此项改正。

项目 7 全站仪和 GNSS 应用

任务 1 全站仪简介

一、全站仪概念

全站仪又称全站型电子速测仪(electronic total station),是一种由电子测距仪、电子经纬仪和电子记录装置三部分组成的高技术测量仪器。全站仪集水平角、垂直角、距离(斜距、平距)、高差测量功能于一体,一次安置就可完成该测站上的全部测量工作。

全站仪在经济建设和国防建设中具有重要作用。矿物勘探和采掘、修建铁路、公路、桥梁、农田水利、城市规划与建设等都离不开全站仪的测量。在国防建设中,如战场准备、港湾、要塞、机场、基地以及军事工程建设等,都必须以详细而正确的大地测量为依据。近年来,全站仪更是成为大型精密工程测量、造船及航空工业等方面进行精密定位与安装的有效工具。

国内外生产全站仪的厂家很多,这些厂家生产的全站仪系列有:瑞士徕卡公司的 TC 系列全站仪、日本索佳公司的 SET 系列全站仪、尼康公司的 DMT 系列全站仪、拓普康公司的 GTS 系列全站仪、宾得公司的 PCS 系列全站仪,以及我国南方、三鼎、瑞得、科力达、苏州一光、中海达、北京博飞等仪器厂家生产的系列全站仪。

二、全站仪的基本结构及构造特点

1. 全站仪的基本结构

本书以 ATS-320 系列海星达全站仪为例介绍全站仪的基本结构。

(1)仪器各部位名称。

ATS-320 系列海星达全站仪各部位名称如图 7.1 所示,本书涉及的全站仪都以此系列全站仪为例。

(2)显示屏及功能键。

显示屏是点阵图形式液晶显示屏,键盘功能与信息显示如图 7.2 所示,按键功能如表 7.1 所示。

房地产测量

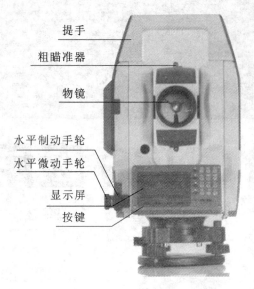
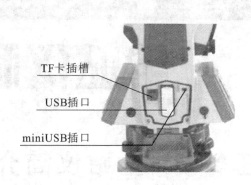

图 7.1 ATS-320 系列海星达全站仪各部位名称

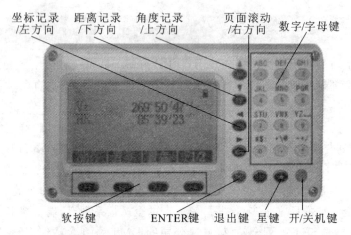

图 7.2 键盘功能与信息显示

表 7.1 按键功能

按键	名称	功能
ANG	角度测量键	基本测量功能中进入角度测量模式,在其他模式下,光标上移或向上选取选择项
DIST	距离测量键	基本测量功能中进入距离测量模式,在其他模式下,光标下移或向下选取选择项
CORD	坐标测量键	基本测量功能中进入坐标测量模式,其他模式中光标左移、向前翻页或辅助字符输入
MENU	菜单键	基本测量功能中进入菜单模式,其他模式中光标右移、向后翻页或辅助字符输入

续表

按 键	名 称	功 能
ENTER	回车键	接受并保存对话框的数据输入并结束对话。在基本测量模式下具有打开/关闭直角蜂鸣的功能
ESC	退出键	结束对话框,但不保存其输入
开/关机键	电源开关	控制电源的开/关
F1~F4	软按键	显示屏最下一行与这些键正对的反转显示字符指明了这些按键的含义
0~9	数字键	输入数字和字母或选取菜单项
.~-	符号键	输入符号、小数点、正负号
★	星键	用于仪器若干常用功能的操作,凡有测距的界面,星键都进入显示对比度、夜照明、补偿器开关、测距参数和文件选择对话框

软键盘的功能标记在显示屏的最下行,其功能随测量模式的不同而改变。

2. 全站仪的构造特点

全站仪几乎可以用于所有的测量领域。与光学经纬仪比较,全站仪将光学度盘换为光电扫描度盘,将人工光学测微读数代之以自动记录和显示读数,使测角操作简单化,且可避免读数误差的产生。全站仪的自动记录、储存、计算功能及数据通信功能,进一步提高了测量作业的自动化程度。全站仪与光学经纬仪的区别在于度盘读数及显示系统,电子经纬仪的水平度盘和竖直度盘及其读数装置分别采用两个相同的光栅度盘(或编码盘)和读数传感器进行角度测量。

全站仪的电子记录装置是由存储器、微处理器、输入和输出部分组成。它在只读存储器中固化了一些常用的测量程序,如坐标测量、导线测量、放样测量、后方交会等,只要进入相应的测量程序模式,输入已知数据,便可依据程序进行测量,获取观测数据,并解算出相应的测量结果。通过输入、输出设备,全站仪可以与计算机交互通信,将测量数据直接传输给计算机,并在软件支持下进行计算、编辑和绘图。测量作业所需要的已知数据也可以从计算机输入全站仪,从而实现整个测量作业的高度自动化。正是由于全站仪增加了许多特殊部件,所以全站仪比其他测角、测距仪器拥有更多的功能,这些特殊部件构成了全站仪在结构方面独树一帜的特点。全站仪构造的特点如下。

(1) 同轴望远镜。

全站仪的同轴望远镜实现了视准轴、测距光波发射、接收光轴的同轴化。同轴化的基本原理是望远镜一次瞄准即可实现同时测定水平角、垂直角和斜距等全部基本测量要素的测定功能。

(2) 双轴自动补偿。

双轴自动补偿是指在测量作业过程中,若全站仪纵轴倾斜,将会引起角度观测的误差,盘左、盘右观测值取中不能使之抵消。全站仪特有的双轴(或单轴)倾斜自动补偿系统,可对纵轴的倾斜进行监测,并在度盘读数中对因纵轴倾斜造成的测角误差自动加以改正(某些全站仪纵轴最大倾斜可允许至$\pm6'$),也可通过微处理器自动按竖轴倾斜改正计算式计算由竖轴倾斜引起的角度误差,并加在度盘读数中加以改正,使度盘显示正确的读数值。这就是所谓的纵轴倾斜自动补偿。

(3) 操作键盘化。

键盘是全站仪在测量时输入操作指令或数据的硬件。全站仪的键盘和显示屏均为双面式，便于正、倒镜作业时操作。

(4) 数据存储与传输。

全站仪采用存储器将实时采集的测量数据存储起来，再根据需要传送到其他设备（如计算机等），供进一步处理或利用。全站仪的存储器有内存储器和存储卡两种。全站仪内存储器相当于计算机的内存（RAM）。全站仪存储卡是一种外存储媒体，又称 PC 卡，作用相当于计算机的磁盘。全站仪的数据传输可以通过通信接口和通信电缆将内存中存储的数据输入计算机，或将计算机中的数据和信息经通信电缆传输给全站仪，实现双向信息传输。

三、全站仪的分类

全站仪按不同的标准，可以分为不同的类型。下面以全站仪的外观结构、测量功能、测距仪测距为标准进行分类。

1. 按外观结构分类

全站仪按外观结构分类，可以分为积木型全站仪和整体型全站仪。

1) 积木型全站仪

积木型全站仪又称为组合型全站仪。早期的全站仪大都是积木型结构，即电子速测仪、电子经纬仪、电子记录器各为一个整体，可以分离使用，也可以通过电缆或接口将它们组合起来，形成完整的全站仪。

2) 整体型全站仪

随着电子测距仪进一步的轻巧化，现代的全站仪大都将测距、测角和记录单元从光学、机械等层面设计为一个不可分割的整体，其中，测距仪的发射轴、接收轴和望远镜的视准轴为同轴结构，这非常有利于较大垂直角条件下的距离测量精度。

2. 按测量功能分类

全站仪按测量功能分类，可以分为经典型全站仪、机动型全站仪、无合作目标型全站仪和智能型全站仪。

1) 经典型全站仪

经典型全站仪也称为常规全站仪，它具备全站仪电子测角、电子测距和数据自动记录等基本功能，有的全站仪还可以运行厂家或用户自主开发的机载测量程序，其经典代表为徕卡公司的 TC 系列全站仪。

2) 机动型全站仪

机动型全站仪是指在经典全站仪的基础上安装轴系步进电机，实现自动驱动全站仪照准部和望远镜的旋转。在计算机的在线控制下，机动型全站仪可按计算机给定的方向值自动照准目标，并可实现自动正、倒镜测量。徕卡 TCM 系列全站仪就是典型的机动型全站仪。

3) 无合作目标型全站仪

无合作目标型全站仪是指在无反射棱镜的条件下，可对一般的目标直接测距的全站仪。对不便安置反射棱镜的目标进行测量时，无合作目标型全站仪具有明显优势。如徕卡 TCR 系列全站仪,无合作目标距离测程可达 1 000 m,可广泛用于地籍测量、房产测量和施工测量等。

4）智能型全站仪

智能型全站仪是指仪器在自动化全站仪的基础上,安装自动目标识别与照准的新功能。智能型全站仪在自动化的进程中,进一步克服了需要人工照准目标的重大缺陷,实现了全站仪的智能化。在相关软件的控制下,智能型全站仪在无人干预的条件下可自动完成多个目标的识别、照准与测量。因此,智能型全站仪又称为"测量机器人",其典型代表有徕卡 TCA 型全站仪等。

3. 按测距仪测距分类

全站仪按测距仪测距分类,可以分为短测程全站仪、中测程全站仪、长测程全站仪。

1）短测程全站仪

短测程全站仪测程小于 3 km,一般精度为±(5 mm+5 ppm),主要用于普通测量和城市测量。

2）中测程全站仪

中测程全站仪测程为 3~15 km,一般精度为±(5 mm+2 ppm),±(2 mm+2 ppm)通常用于一般等级的控制测量。

3）长测程全站仪

长测程全站仪测程大于 15 km,一般精度为±(5 mm+1 ppm),通常用于国家三角网及特级导线的测量。

四、全站仪的精度

全站仪与光学经纬仪的区别在于度盘读数及显示系统,全站仪的水平度盘和竖直度盘及其读数装置是分别采用两个相同的光栅度盘（或编码盘）和读数传感器进行角度测量的,根据测角精度可分为 0.5″、1″、2″、3″、5″、7″等几个等级。由于全站仪可以测角和测距离,其精度也分为测角精度和测距精度两种,在全站仪（或者测距仪）说明书中一般标识测距精度,如$(A+B\text{ ppm}\times D)$mm,它反映的是全站仪或测距仪的标称测距精度,而不是实际测距精度。

全站仪精度标识$(A+B\text{ ppm}\times D)$mm 中,A 代表仪器的固定误差,主要是由仪器加常数的测定误差、对中误差、测相误差造成的。固定误差与测量的距离没有关系,即不管测量的实际距离多远,全站仪都将存在不大于该值的固定误差。$B\text{ ppm}\times D$ 代表比例误差,其中,B 是比例误差系数,它主要由仪器频率误差、大气折射率误差引起;ppm 是百万分之一的意思,它是针对 1 km（即 1000000 mm）距离的误差,单位是 B mm;D 是全站仪或测距仪实际测量的距离值,单位是 km。

随着实际测量距离的变化,仪器的比例误差部分也就按比例变化,例如,当距离为 1 km 的时候,比例误差为 B mm。对于一台测距精度为$(1+2\text{ ppm}\times D)$mm 的全站仪或测距仪而言,当被测量距离为 1 km 时,仪器的测距精度为 1 mm+2 ppm×1(km)=3 mm,也就是说,全站仪测距 1 km,最大测距误差不大于 3 mm。全站仪测距的实际精度是通过检定、检测方法得到的,对于具体某一台仪器来说,通常使用加常数和乘常数进行检定。另外,测量综合精度按照标准基线测距后采用最小二乘法回归得到,现在一般按照《全站仪电子速测仪检定规程》(JJG100—2003)和《光电测距仪检定规程》(JJG703—2003)进行检定。全站仪的精度划分为 4 个等级,如表 7.2 所示。

表 7.2 全站仪精度等级划分

精度等级	测角标准偏差	测距标准偏差
Ⅰ	$\lvert m_\beta \rvert \leqslant 1''$	$\lvert mD \rvert \leqslant 5\ mm$
Ⅱ	$1'' < \lvert m_\beta \rvert \leqslant 2''$	$\lvert mD \rvert \leqslant 5\ mm$
Ⅲ	$2'' < \lvert m_\beta \rvert \leqslant 6''$	$5\ mm \leqslant \lvert mD \rvert \leqslant 10\ mm$
Ⅳ	$6'' < \lvert m_\beta \rvert \leqslant 10''$	$\lvert mD \rvert \leqslant 10\ mm$

Ⅰ、Ⅱ级全站仪为精密型全站仪，主要适用于高等级的控制测量和变形观测等；Ⅲ、Ⅳ级全站仪为普通型全站仪，主要用于道路和建筑场地的施工测量、数字化测图、地籍与房地产测量等。

五、全站仪的应用与发展

全站仪的应用可归纳为 4 个方面：一是在地形测量中，可进行数字测图的野外数据采集；二是可用于施工放样测量，将设计好的管线、道路、工程建设中的建筑物、构筑物等的位置按图纸设计数据测设到地面上；三是可用全站仪进行导线测量、前方交会、后方交会等；四是通过数据输入/输出接口设备，将全站仪与计算机、绘图仪连接在一起，形成一套完整的测绘系统，从而大大提高测绘工作的质量和效率。

随着计算机技术的不断发展与应用，以及用户的特殊要求与其他工业技术的应用，全站仪出现了一个新的发展时期，出现了带内存、防水型、防爆型、电脑型等全站仪。目前，世界上最高精度的全站仪的测角精度为（一测回方向标准偏差）0.52，测距精度为 1 mm＋1 ppm，其利用 ATR 功能在白天和黑夜（无须照明）都可以工作。全站仪在角度和距离测量精度方面已经站在较高的水平，既可人工操作也可自动操作，既可远距离遥控运行也可在机载应用程序控制下使用，可应用于精密工程测量、变形监测、几乎是无容许限差的机械引导控制等领域。

未来的全站仪会向数字化、实时化、集成化、在线化、自动化等方面发展，全站仪这一最常规的测量仪器将越来越能满足各项测绘工作的需求，从而发挥更大的作用。

任务 2 ATS-320 全站仪的使用

一、全站仪的操作

1. 安置全站仪

（1）打开三脚架，安置于测点上，并使架头大致水平，高度宜与观测者身高适应。打开仪器箱，取出全站仪，并随手关闭仪器箱，将仪器安放在架头上，旋紧中心螺旋。

（2）粗略对中：首先对光学对中器调焦或打开激光对中器（需开机操作）；然后提起两脚架腿，并移动脚架使对中器中心对准地面标志点。

（3）粗略整平：升降架腿高度，使照准部圆水准器气泡居中。

(4) 精确整平：旋转脚螺旋，使长水准器气泡在互相垂直的方向上居中。

(5) 精确对中：精确整平之后，检查对中是否偏离。若有偏离，松开中心连接螺旋，在架头上平移仪器(禁止旋转)，重新对准地面标志点。

(6) 反复进行上述(4)、(5)两步，直至对中、整平均达到要求。

2. 设置仪器参数，选择测量功能

根据测量工作的具体内容合理设置仪器参数，正确选择测量功能。比如，测距使用棱镜作为反射体时，需在测量前设置好棱镜常数。一旦设置好棱镜常数，即使关机，该常数仍被保存，具体设置步骤如下：①在星键功能中选择"参数"软按键，可以看到图7.3所示的对话框；②按"确认"软按键将插入符下移到棱镜常数的参数栏，直接输入数值。目前，常见的棱镜常数有－30或0两种，使用时应先加以区分。

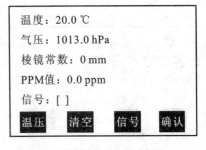

图7.3 仪器参数设置

仪器操作完成后即可进入相应的测量模式进行测量工作。

二、全站仪的使用

全站仪有3种常规测量模式，即角度测量模式、距离测量模式和坐标测量模式。

1. 角度测量模式

安置好仪器后，即可按"开/关"键，完成仪器的正常开机。一般而言，开机即进入标准的测角模式，并且可以切换到其他标准测量模式或菜单模式。

开机后，仪器自动进入角度测量模式，或在基本测量模式下用"ANG"键进入角度测量模式，角度测量共两个界面，用"F4"软按键在两个界面中切换(见图7.4)。

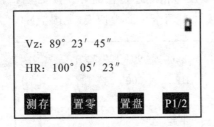 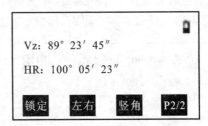

图7.4 角度测量模式

全站仪一般用测回法测量角度，在方向数较多的情况下，还可使用方向观测法测量角度。依据测角原理，在测水平角时，为了提高测量精度，一般需按规范要求采用多测回方法进行观测，因此每一测回必须配置度盘，即仪器在盘左状态下，应进行度盘零方向的设置：在第一测回时，将零方向置零；而在其他测回，需按相应的度盘间隔来设置起始方向的度盘读数，然后对观测方向在不同的盘位状态依次予以观测，并记录相应方向读数，最终进行角度值的计算，完成水平角的观测。置零和置盘的具体操作步骤如下。

(1) 置零：将水平角设置为0。
① 按置零功能相对应的"F2"软按键。
② 系统询问"确认[置零]?"，按"ENTER"键置零，按"ESC"键退出置零操作。为了精确置

零,请轻击"ENTER"键。

(2)置盘:将水平角设置成需要的角度。

① 按置盘功能相对应的"F3"软按键,进入设置水平角输入对话框,进行水平角的设置。

② 在度分秒显示模式下,如需输入 123°45′56″,只需在输入框中输入 123.4556 即可;在其他显示模式下,正常输入即可。对话框如图 7.5 所示。

图 7.5 置盘界面

③ 按"F4"软按键确认输入,按"ESC"键取消,系统会在角度大于 360°时提示"置角超出!"

水平角的测量需要注意的一点是:角度测量第二个界面中左/右功能,按与之对应的"F2"键,可使水平角显示状态在 HR 和 HL 状态之间切换,其中,HR 表示右角模式,即照准部顺时针旋转时水平角增大;HL 表示左角模式,即照准部顺时针旋转时水角减小。

竖直角测量则更为方便,因为按其测角原理,测量时不必像水平角观测那样设置起始方向,只需在不同的盘位状态照准观测目标,得到相应的观测数据即可。

测量竖角可在角度测量模式的第二个界面按与之对应的"F3"软按键,竖直角显示模式在 V_z、V_o、V_h、$V\%$ 之间切换,其中,V_z 表示天顶距;V_o 表示以正镜望远镜水平时为 0°的竖直角显示模式;V_h 表示竖直角模式,望远镜水平时为 0,向上仰为正,向下俯为负;$V\%$ 表示坡度,坡度的表示范围为 $-99.9999\% \sim 99.9999\%$,超出此范围显示"超出!"。

竖直角测量时,如果补偿器超出 ±210″ 的范围,则垂直角显示框中将显示"补偿超出!"。

2. 距离测量模式

在进行距离测量及坐标测量时,仪器必须设置好相关参数,如温度大气改正、棱镜常数、距离测量模式是连续测量还是 n 次测量/单次测量以及是精测还是粗测等。按"DIST"键进入距离测量模式,距离测量模式共两个界面,用"F4"软按键在两个界面中切换(见图 7.6)。

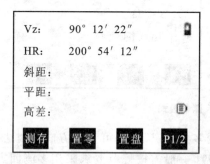 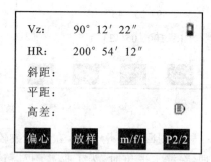

图 7.6 距离测量模式

按下测存对应的"F1"软按键后,会出现输入"测点信息"对话框(如果事先没有选择过测量文件的话,此时出现"选择文件"对话框以便测量员选择文件),要求测量员输入所测点的点名、编码、目标高,其中,点名的顺序是在上一个点名序号上自动加 1。编码则根据测量员的需要输入,而目标高则根据实际情况输入。按"ENTER"键则保存到测量文件。当补偿器超出范围时,仪器提示"补偿超出!",距离测量无法进行,距离数据也不能存储。

测量距离时,可直接按与测量对应的"F1"软按键,仪器进入距离测量模式并显示斜距、平距、高差。在连续或跟踪模式下,用"ESC"键退出距离测量模式。

模式是用于选择测距仪的工作模式,分别是单次、多次、连续、跟踪,当按下"F3"软按键时,会弹出选择菜单,如图7.7所示。

图7.6中m/f/i表示使距离显示模式在米、英尺、英尺+英寸显示模式之间切换。

图7.7 测距模式

3. 坐标测量模式

在某已知点上,欲测定某未知点的坐标,即可采用仪器的坐标测量模式来完成。一般来说,进行坐标测量时,要先设置测站点坐标、测站仪器高、棱镜高及后视方位角(即后视定向方向,该方向值一般需根据站点与定向点的已知坐标通过坐标反算得到),然后可在坐标测量模式下通过已知点测量出未知点的坐标。

用"CORD"键进入坐标测量模式。进行坐标测量时,务必做好仪器的站点坐标设置、方位角设置、目标高和仪器高的输入工作。坐标测量模式共3个界面,用"F4"软按键在3个界面中切换(见图7.8),具体步骤如下。

(1)设置仪器高和目标高。

在第二界面中,按与设置对应的"F1"软按键进入仪器高和目标高的输入对话框,输入完成后按"ENTER"键表示接收输入,按"ESC"键退出输入界面,表示不接受本次输入。通常情况下,想查看仪器高和目标高时,也使用此方式。仪器高和目标高的输入界面如图7.9所示。

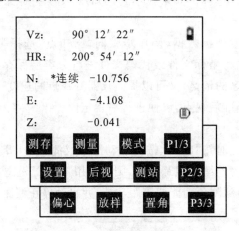

图7.8 坐标测量界面

图7.9 仪器高和目标高的输入界面

仪器对仪器高和目标高的输入是有要求的,当超出±99.999时,使用"ENTER"键,系统提示"仪器高超出"和"目标高超出"。如果希望本次的输入在下次开机也有效,则按"保存"键,将仪器高和目标高保存到系统文件中。

(2)测站和后视点坐标输入。

仪器高和目标高确认后,仪器直接返回到第二个界面,可依次按测站和后视相对应的"F3"软按键和"F2"软按键,进行测站和后视点坐标输入操作。测站输入操作和后视点的输入操作方法一致,以下以后视点输入操作方法为例来阐述其步骤。

按"F2"软按键后,进入后视(点)坐标的输入对话框(见图7.10),输入后视点的坐标是为了建立地面坐标与仪器坐标之间的联系(测站坐标已输入情况下进行本步);设置后视点后,要求瞄准目标点;确认瞄准目标点后,仪器计算出后视点方位角,并将仪器的水平角显示成后视点方位角。从此建立仪器坐标与大地坐标的联系,这个过程称为"设站"。

为了避免重复动作,应在操作此功能之前先进行"测站"功能的操作,然后进行后视点坐标的输入并定向。定向时,必须精确瞄准目标。定向操作也可以在角度测量模式或本功能中,通过"置角"、"置盘"和"锁定"的方法来实现。如果定向已在角度模式下实现,则此时的后视点坐标输入操作就不是必需的。

后视点坐标的输入可以通过键盘输入和测出点调取、已知点调取3种方式实现。

按"F3"软按键,选择"已知点",即从当前坐标文件中选择一个点,进入点列表界面,如图7.11所示。

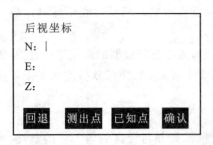

图7.10 后视点坐标输入

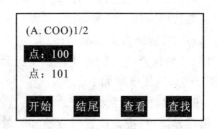

图7.11 选择已知点

按"▲"和"▼"键选择点后,按"ENTER"键确定选择。如果找不到已知点,则保持原来的坐标并提示"文件中没有记录"。

按"测出点"软按键,从当前的测量文件中调取坐标数据,操作步骤同"已知点"选择类似。因为在调取坐标时可以方便地更换文件,所以可以将坐标文件或代码文件进行分类后保存成一个个小文件,然后再使用,这样既便于操作者对点名的记忆,又可以提高仪器查找点的速度。

当按"ENTER"键结束对话时,系统会提示:瞄准后视点,以便进行后视定向。

(3) 坐标测量。

上一步完成后,仪器自动返回到第一个界面,此时按"F2"软按键启动测距仪测程,计算出目标点的坐标并显示出来。如果当前距离测量模式为连续或跟踪模式,则连续用"ESC"键退出距离测量模式,也可以用"ANG"键或"DIST"键切换到测角功能或测距功能,并自动停止测距。

4. 数据采集测量

数据采集测量模式是数字测图过程中的采集野外数据的主要手段,其测量原理是依据控制点来测取其所控制范围内的大量碎步特征点,一般按三角高程原理进行工作。为了野外数据采集的方便,必须事先建立控制点坐标数据文件,以便于在建立测站时调用;在测量时,还需建立碎步点数据采集文件,以便测完后,进行文件的存储、传输、增删、编辑与管理等工作;最终利用采集的数据来完成测绘图纸的编辑工作,形成测绘产品。

数据采集的操作是在基本测量功能下,按"MENU"键弹出图7.12的菜单,接着在菜单中选取"数据采集",会出现图7.13的界面,然后依次完成测站点及定向点的设置工作,就可以建立数据采集文件进行碎步点的坐标采集工作,直至将本站点所控制的范围内的地物、地貌特征点全部采集完毕。

```
菜单
1. 数据采集
2. 放样
3. 文件管理
4. 程序
5. 参数设置
6. 校正
7. 格网因子
8. USART输入输出定向
9. 选择盘
```

图 7.12　菜单页面

```
1. 选取文件
2. 设置测站点
3. 设置后视点
4. 设置方位角
5. 数据采集顺序
6. 数据采集选项
```

图 7.13　数据采集页面

值得注意的是:"设置方位角"功能与"设置后视点"功能是同样的目的,只是该功能是在后视点的方位角已知的情况下才可进行的,即直接瞄准后视点输入后视方位角即可。一次建站只需选择"设置后视点"和"设置方位角"之一,用于后视定向即可。当测区任务采集完后,即可利用仪器的通讯功能来传输数据;然后借助于测绘软件,对野外数据进行编辑,最终形成数字地图。

任务 3　GNSS 系统简介

一、GNSS 的定义

从 20 世纪 90 年代中期开始,欧盟为了打破美国在卫星定位、导航、授时市场中的垄断地位,获取巨大的市场利益,增加欧洲人的就业机会,一直在致力于一个雄心勃勃的民用全球导航卫星系统计划,称之为 GNSS。GNSS(global navigation satellite system)中文译名为全球导航卫星系统,是以人造地球卫星作为导航台的星基无线电导航系统,为全球陆、海、空、天的各类军用载体提供全天候、高精度的位置、速度和时间信息。GNSS 的主要成员除了包括美国的全球定位系统(GPS)、俄罗斯的格洛纳斯系统(GLONASS)和欧盟的伽利略系统(Galileo)外,还包括我国的北斗卫星导航系统(BDS)、日本的准天顶卫星系统(QZSS)和印度区域导航卫星系统(IRNSS)等,以及对卫星导航定位系统的增强型系统,如美国的广域增强系统(WAAS)、欧洲的欧洲静地导航重叠系统(EGNOS)和日本的多功能运输卫星增强系统(MSAS)等,还涵盖所有已经建成或还在开发中的卫星导航定位系统。GNSS 系统是一个多系统、多层面、多模式的复杂组合系统。

目前,由于 GPS 在所有 GNSS 中处于霸主地位,并且大多数的定位与导航应用系统是以 GPS 为中心或参考而建立的,接下来的介绍必要时会以 GPS 作为参考基准。现在的 GNSS 已经全面渗透到国民经济建设的各个领域,可以为海、陆、空、天各个层面的物体进行定位导航和交通管理,可以为大地和海洋测绘、工程测量、地震预报、农业精耕、资源勘查等测绘任务提供高精度定位,可以为电力、邮电和通信等网络系统授时与校频,有些科学领域与工程领域由于GNSS的出现而发生了革命性的变化。

二、GNSS的系统构成

虽然GNSS中的GPS、GLONASS、Galileo和BDS的系统构成可能有着不同的定义和特点,但基本上可以将任一个GNSS视为由独立的三部分构成,即空间星座部分、地面监控部分及用户设备部分。

1. 空间星座部分

空间星座部分的主体是分布在空间轨道上运行的一定数量的卫星,它们大多以中地球轨道(MEO)、静止地球轨道(GEO)或倾斜地球同步轨道(IGSO)卫星的形式出现。GNSS卫星的主要功能是持续向地球发射导航信号,使地球上任意一点在任何时候都能观察到足够数量的卫星。GNSS卫星的硬件设备包括无线电收发装置、原子钟、计算机、太阳能板和推进系统等。每颗卫星上一般配置多台高稳定的原子钟,其中的一台作为时钟和频率标准的发生器,是卫星的核心设备,卫星上各个信号层次的产生和播发都直接或间接地由该频率标准源驱动,从而使得所有信号层次在时间上保持同步。GNSS卫星的基本功能是接受并存储由地面监控部分发来的导航信息,接受并执行从地面监控部分发射的控制指令,进行部分必要的数据处理,向地面连续不断地发射导航信号,以及通过推进器调整自身的运行姿态等。

以GPS为例,GPS的空间卫星星座由21颗工作卫星和3颗在轨备用卫星组成。24颗卫星均匀分布在6个轨道平面内,轨道平面的倾角为55°,卫星的平均高度为20 200 km,运行周期为11 h 58 min,卫星采用铯、铷原子钟。卫星用L波段的两个无线电载波向广大用户连续不断地发送导航定位信号,导航定位信号中含有卫星的位置信息,使卫星成为一个动态的已知点。在地球的任何地点、任何时刻,在高度角15°以上,平均可同时观测到6颗卫星,最多可达到9颗。GPS卫星产生两组电码,一组称为C/A码(Coarse/Acquisition Code 1.023 MHz),一组称为P码(Precise Code 10.23 MHz)。

2. 地面监控部分

地面监控部分负责整个系统的平稳运行,它通常至少包括若干个组成卫星跟踪网的监测站、将导航电文和控制命令发送给卫星的注入站和协调各方面的一个主控站,其中,主控站是整个GNSS的核心。

以GPS为例,GPS的地面控制部分包括1个主控站,5个全球监测站和3个地面监控站。监测站均配装有精密的铯钟和能够连续测量到所有可见卫星的接收机,监测站将观测到的卫星观测数据,包括电离层和气象数据,经过初步处理后,传送到主控站。主控站从各监测站收集跟踪数据,计算出卫星的轨道参数和时钟参数,然后将结果送到3个地面监控站。地面监控站在每颗卫星运行至上空时,将这些导航数据及主控站指令注入卫星,且每颗GPS卫星每天被注入一次,并在卫星离开注入站作用范围之前进行最后的注入。如果某地面监控站发生故障,那么在卫星中预存的导航信息还可用一段时间,但导航精度会逐渐降低。

3. 用户设备部分

用户设备部分一般指GPS接收机,它的基本功能是接收、跟踪GNSS卫星的导航信号,通过对卫星信号进行频率转换、功率放大和数字化处理,测量出卫星至接收机天线的信号传播时间,然后解译出卫星发射的导航电文,进而求出接收机本身的位置、速度和时间。

以 GPS 为例,GPS 的用户设备由 GPS 接收机、数据处理软件及其终端设备(如计算机)等组成。GPS 接收机可捕获到按一定卫星高度截止角所选择的待测卫星的信号,跟踪卫星的运行,并对信号进行交换、放大和处理,再通过计算机和相应软件,经基线解算、网平差,求出 GPS 接收机中心(测站点)的三维坐标。GPS 接收机的结构分为天线单元和接收单元两部分。现今,各种类型的 GPS 接收机体积越来越小,重量越来越轻,便于野外观测使用。

三、GNSS 的定位原理

GNSS 接收机输入的 GNSS 卫星信号至少包括载波、伪随机噪声码(以下简称伪码)和导航电文数据码 3 个结构层次。伪码的一个主要功能是允许不同的卫星在同一个载波频率上播发信号又互不干扰,另一个功能是作为测距码,也就是让接收机通过测量接收信号上的伪码相位来推断出卫星到接收机的距离(即伪距)。事实上,利用伪码作为测距码是 GNSS 的一项创新技术。

现以 GPS 系统为例阐述 GNSS 的定位原理。地面主控站收集各监测站的观测资料和气象信息,计算各卫星的星历表及卫星钟改正数,按规定的格式编辑导航电文,通过地面上的注入站向 GPS 卫星注入这些信息。测量定位时,用户可以利用接收机的储存星历得到各个卫星的粗略位置,计算机根据这些数据和粗略位置选择卫星与用户连线之间张角较大的 4 颗卫星作为观测对象。观测时,接收机利用码发生器生成的信息与卫星接收的信号进行相关处理,并根据导航电文的时间标和子帧计数测量用户和卫星之间的伪距。将修正后的伪距及输入的初始数据和 4 颗卫星的观测值列出 4 个观测方程式,即可解出接收机的位置(X,Y,Z)和接收机钟差 4 个未知数,并转换所需要的坐标系,以达到定位目的。

了解 GNSS 的定位原理后,再来学习 GNSS 的定位方式。通过观测方程式直接求解出用户接收机在某一空间坐标系中的绝对位置的定位方式称为绝对定位。由于这种定位方式是单个接收机通过测量多个卫星信号的伪距而实现的,因此这种绝对定位也称为单点定位。与之相对应的定位方式称为相对定位,也称为差分定位。事实上,相对定位和差分定位是有区别的:差分定位一般是一种改进型的绝对定位,利用差分 GNSS 所提供的差分校正量来减小或消除伪距等测量值中的误差,进而提高绝对定位的精度;而相对定位通常是一个基准站和一个用户流动站,这两个测量站的接收机同时对相同卫星的信号进行测量,然后双方的伪距和载波相位等测量值被整合在一起,从中求解出基准站与流动站的基线向量而实现相对定位。基于载波相位测量值的差分系统通常具有最高的定位精度,特别是流动站静止时的静态测量,可用来实现精密定位。

四、GNSS 的时间系统

星载原子钟是 GNSSS 的核心设备,不同卫星之间能产生精确、相互同步的时间信号是 GNSS 的核心。要想了解 GNSS 的时间系统,需要了解世界时和原子时这两套时间系统。

1. 世界时系统

世界时(UT)系统是以地球自转为基准的一种时间系统。由于观察地球自转运动时所选的空间参考点不同,世界时系统又包括恒星时和平太阳时。

(1)恒星时。

以春分点为参考点,由春分点的周日视运动所定义的时间,称为恒星时(ST)。春分点连续

2次经过本地子午圈的时间间隔为1恒星日,等于24个恒星时,所以恒星时在数值上等于春分点相对于本地子午圈的时角。恒星时具有地方性,所以恒星时也称为地方恒星时。

恒星时是以地球自转为基础,并与地球自转角度相对应的时间系统。由于岁差、章动的影响,地球自转轴在空间的指向是变化的,春分点在天球上的位置并不固定,所以同一历元相应地有真北天极和平北天极,对应也有真春分点和平春分点之分,因此,相应的恒星时也有真恒星时与平恒星时之分。

(2) 平太阳时。

地球围绕太阳公转的轨道为一椭圆,根据天体运动的开普勒定律可知,太阳的视运动速度是不均匀的。若以真太阳作为观察地球自转运动的参考点,则将不符合建立时间系统的基本要求,所以假设一个平太阳以真太阳同年运动的平均速度在天球赤道上做周年视运动,其周期与真太阳一致,则以此平太阳为参考点,由平太阳的周日视运动所定义的时间系统为平太阳时(MT)系统。平太阳连续2次经过本地子午圈的时间间隔为1个平太阳日,而1个平太阳日分为24个平太阳时。与恒星时一样,平太阳时也具有地方性,故常称为地方平太阳时或地方时。

2. 原子时

随着地球空间信息科学技术的发展和应用,GNSS对时间准确度和稳定度的要求不断提高,以地球自转为基础的世界时系统已难以满足要求,为此,人们自20世纪50年代起便建立了以物质内部原子运动的特征为基础的原子时系统(AT)。因为物质内部的原子跃迁所辐射和吸收的电磁波频率具有很高的稳定性和复现性,所以由此而建立的原子时成为当代最理想的时间系统。

原子时秒长的定义为:位于海平面上的铯原子 Cs133 基态有两个超精细能级,在零磁场中跃迁辐射振荡 9 192 631 770 周所持续的时间为一原子时秒。该原子时秒作为国际单位制(SI)秒的时间单位。

原子时出现后,得到了迅速的发展和广泛的应用,许多国家都建立了各自的地方原子时系统,但不同地方的原子时之间存在着差异。为此,国际上大约有100座原子钟,通过相互对比,并经数据处理,推算出统一的原子时系统,这种原子时系统称为国际原子时。

3. 协调世界时

由于地球自转速度有长期变慢的趋势,近20年来,世界时每年比原子时约慢1 s,两者之差逐年积累。为了避免播发的原子时与世界时之间产生过大的偏差,所以自1972年开始采用一种以原子时秒长为基础,在时刻上尽量接近世界时的折中的时间系统,该时间系统称为协调世界时(UTC),简称协调时。

协调时的秒长严格等于原子时的秒长,采用闰秒(或跳秒)的办法使协调时与世界时的时刻相接近。当协调时与世界时的时刻差超过±0.9 s,便在协调时中引入1闰秒(正或负)。闰秒一般在6月30日或12月31日加入,具体日期由国际地球自转服务组织(IERS)安排并通告。

4. GPS 时间系统

为了精密导航和测量的需要,GPS建立了专用的时间系统。该系统可简写为GPST,由GPS主控站的原子钟控制,规定GPS与协调时的时刻于1980年1月6日0时相一致,其后随着时间的积累,两者之间的差别将表现为秒的整倍数。每一个GNSS都制定了一套独立、专用的

GNSS时间系统。由于篇幅原因,此处不再介绍GLONASS、Galileo和北斗系统的时间系统。

每个GNSS除了自己独立专用的时间系统外,也采用各不相同的空间坐标系,其中,GPS采用WGS-84坐标系,GLONASS采用PZ-90.02坐标系,Galileo采用GTRF坐标系,而我国北斗系统则采用GGCS2000大地坐标系。采用不同时空坐标系有助于每个GNSS控制自身的独立性,同时也可以提高GNSS整体的鲁棒性。

五、GNSS的误差

GNSS测量是通过地面接收设备接收卫星传送来的信息,计算同一时刻地面接收设备到多颗卫星之间的伪距离,并采用空间距离后方交会方法确定地面点的三维坐标,因此,GNSS卫星、卫星信号传播过程和地面接收设备都产生GNSS测量误差,主要误差来源可分为:与卫星有关的误差,与信号传播有关的误差,与接收设备有关的误差。

1. 与卫星有关的误差

1) 卫星星历误差

卫星星历误差是指卫星星历给出的卫星空间位置与卫星实际位置间的偏差。由于卫星空间位置是由地面监控系统根据卫星测轨结果计算求得的,所以又称为卫星轨道误差。它是一种起始数据误差,其大小取决于卫星跟踪站的数量及空间分布、观测值的数量及精度、轨道计算时所用的轨道模型及定轨软件的完善程度等。星历误差是GPS测量的重要误差来源,减弱或消除星历误差的措施有:建立自己独立的卫星跟踪网,相对定位(同步观测值求差)以及轨道松弛法。

2) 卫星钟差

卫星钟差是指GPS卫星时钟与GPS标准时之间的差别。为了保证时钟的精度,GPS卫星均采用高精度的原子钟,但它们与GPS标准时之间的偏差和漂移总量仍在1～0.1 ms以内,由此引起的等效误差将达到300～30 km。卫星钟差误差是系统误差,必须加以修正,减弱或消除卫星钟差误差的措施有:加入卫星钟的钟差改正数和相对定位(同步观测值求差)。

3) SA干扰误差

SA误差是美国军方为了限制非特许用户利用GPS进行高精度点定位而采用的降低系统精度的政策,简称SA政策,它包括降低广播星历精度和在卫星基本频率上附加随机抖动。实施SA技术后,SA误差已经成为影响GPS定位误差的最主要因素。虽然美国在2000年5月1日取缔了SA政策,但是战时或必要时,美国可能恢复或采用类似的干扰技术。

4) 相对论效应的影响

这是由于卫星钟和接收设备所处的状态(运动速度和重力位)不同引起的卫星钟和接收设备钟之间的相对误差。相对论效应主要取决于卫星的运动速度和重力位。GPS卫星在距地面20 200 km的高空轨道上运行时,由于相对论效应的影响,一台钟放到卫星上的频率比其在地面时增加 $\Delta f = 4.449 \times 10^{-10} f_0$,解决相对论效应的最简单办法就是在制造卫星钟的时候预先将频率降低 Δf。

2. 与信号传播有关的误差

1) 电离层折射

在地球上空距地面50～100 km之间的电离层中,气体分子受到太阳等天体各种射线辐射产生强烈电离,形成大量的自由电子和正离子。当 GNSS 信号通过电离层时,与其他电磁波一样,信号的路径要发生弯曲,传播速度也会发生变化,从而使测量的距离发生偏差,这种影响称为电离层折射。减弱电离层折射的影响可用 3 种方法:①利用双频观测值,即利用不同频率的观测值组合来对电离层的延迟进行改正;②利用电离层模型加以改正;③利用同步观测值求差,这种方法对于短基线的效果尤为明显。

2) 对流层折射

对流层的高度为 40 km 以下的大气底层,其大气密度比电离层更大,大气状态也更复杂。对流层与地面接触并从地面得到辐射热能,其温度随高度的增加而降低。GNSS 信号通过对流层时,也使传播的路径发生弯曲,从而使测量距离产生偏差,这种现象称为对流层折射。减弱对流层折射的影响主要有 3 种措施:①采用对流层模型加以改正,其气象参数在测站直接测定;②引入描述对流层影响的附加待估参数,在数据处理中一并求得;③利用同步观测量求差。

3) 多路径效应

测站周围的反射物所反射的卫星信号(反射波)进入接收设备天线,将和直接来自卫星的信号(直接波)产生干涉,从而使观测值偏离,产生多路径误差。这种由于多路径的信号传播所引起的干涉时延效应被称作多路径效应。减弱多路径误差的方法主要有:①选择合适的站址,测站不宜选择在山坡、山谷和盆地中,应离开高层建筑物;②选择较好的接收设备天线,在天线中设置径板,抑制极化特性不同的反射信号。

3. 与接收设备有关的误差

1) 接收设备钟差

接收设备一般采用高精度的石英钟,接收设备的钟面时与 GNSS 系统的标准时之间的差异称为接收设备钟差。将每个观测时刻的接收设备钟差当作一个独立的未知数,并认为各观测时刻的接收设备钟差之间是相关的,则在数据处理中与观测站的位置参数一并求解,可减弱接收设备钟差的影响。

2) 接收设备位置误差

接收设备天线相位中心相对测站标石中心位置的误差,叫作接收设备位置误差,包括天线置平、对中误差和量取天线高误差。在精密定位时,要仔细操作来尽量减少这种误差影响。在变形监测过程中,应采用有强制对中装置的观测墩。

3) 接收设备天线相位中心偏差

GNSS 测量时,观测值都是以接收设备天线的相位中心位置为准的,而天线的相位中心与其几何中心在理论上应保持一致。观测时,天线的相位中心随着信号输入的强度和方向不同而有所变化,这种差别叫天线相位中心的位置偏差。这种偏差的影响可达数毫米至数厘米,减少相位中心的偏移成为天线设计中的一个重要问题。在实际工作中,若使用同一类天线,在相距不远的两个或多个测站同步观测同一组卫星,可通过观测值求差来减弱相位偏移的影响,但这时各测站的天线均应按天线附有的方位标进行定向,使之根据罗盘指向磁北极。

六、GNSS 的特点和应用

1. GNSS 的特点

GNSS 导航定位以其高精度、全天候、高效率、多功能、操作简便、应用广泛等特点著称。

项目 7　全站仪和GNSS应用

(1) 定位精度高。应用实践已经证明，GPS 相对定位精度在 50 km 以内可达 10^{-6}，100～500 km 可达 10^{-7}，1 000 km 可达 10^{-9}。在 300～1 500 m 工程精密定位中，1 h 以上观测的解其平面位置误差小于 1 mm，与 ME-5000 电磁波测距仪测定的边长比较，其边长校差最大为 0.5 mm，校差中误差为 0.3 mm。

(2) 观测时间短。以 GPS 为例，目前 20 km 以内相对静态定位，仅需 15～20 min；快速静态相对定位测量时，若每个流动站与基准站相距在 15 km 以内，则流动站观测时间只需 1～2 min，且可以随时定位，每站观测只需几秒钟。

(3) 测站间无须通视。对于 GPS 测量来说，不要求测站之间互相通视，只需测站上空开阔即可，因此可节省大量的造标费用。由于无须点间通视，点位位置可以根据需要选择布置密度，使选点工作甚为灵活。

(4) 可提供三维坐标。经典大地测量采用不同方法分别施测平面与高程。GNSS 可同时精确测定测站点的三维坐标，就目前的 GPS 水准测量精度而言，可以满足四等水准测量的精度。

(5) 操作简便。随着 GNSS 接收设备不断改进，自动化程度越来越高，有的已达"傻瓜化"的程度；接收设备的体积越来越小，重量越来越轻，极大地减轻了测量工作者的工作紧张程度和劳动强度，使野外工作变得轻松愉快。

(6) 全天候作业。目前，GNSS 观测可在全天 24 小时内的任何时间进行，不受阴天黑夜、起雾刮风、下雨下雪等气候的影响。

(7) 功能多，应用广。GPS 不仅可用于测量、导航，还可用于测速、测时。测速的精度可达 0.1 m/s，测时的精度可达几十毫微秒，其应用领域将会不断扩大。

2. GNSS 的应用

GNSS 的应用主要包括陆地应用、海洋应用、航空航天应用。另外，GPS 技术也同样应用于特大桥梁的控制测量中。

(1) 陆地应用主要包括车辆导航、应急反应、大气物理观测、地球物理资源勘探、工程测量、变形监测、地壳运动监测、市政规划控制等。

(2) 海洋应用包括远洋船最佳航程航线测定、船只实时调度与导航、海洋救援、海洋探宝、水文地质测量及海洋平台定位、海平面升降监测等。

(3) 航空航天应用包括飞机导航、航空遥感姿态控制、低轨卫星定轨、导弹制导、航空救援和载人航天器防护探测等。

生活中熟知的 GPS 应用包括以下几个方面。①车辆跟踪功能：车辆跟踪功能就是利用 GNSS 和电子地图实时显示车辆的实际位置，并可以任意放大、缩小、还原、换图，可以随目标移动，使目标始终保持在屏幕上，还可以实现多窗口、多车辆、多屏幕同时跟踪。该功能可用于对重要车辆和货物进行跟踪运输。②路线导航功能：提供出行路线规划是汽车导航系统的一项重要的辅助功能，它包括自动线路规划和人工线路设计。线路规划完毕后，显示器能够在电子地图上显示设计路线，并同时显示汽车运行路径和运行方案。③信息查询功能：用户能够在电子地图上查找旅游景点、宾馆、医院等的位置。同时，监测中心可以利用监测控制台对区域内的任意目标所在位置进行查询，车辆信息将以数字形式在控制中心的电子地图上显示出来。④话务指挥功能以及紧急援助功能：这些功能为人们的日常提供更好的服务。

由于 GPS 测量无须通视，可构成较强的网形，提高点位精度，同时对检测常规测量的支点也非常有效，因此，GPS 技术在隧道测量中也具有广泛的应用前景，具有明显的经济和社会效益。

任务 4 南方灵锐 RTK 的使用

一、RTK 技术介绍

实时动态定位(RTK)技术是以载波相位观测值为根据的实时差分 GPS 技术,它是 GPS 技术发展的一个新突破,在测绘、交通、能源、城市建设等领域有着广阔的应用前景。实时动态定位(RTK)系统由基准站、流动站和数据链组成,建立无线数据通信是实时动态测量的保证,其原理是取点位精度较高的首级控制点作为基准点,安置一台接收设备作为参考站,对卫星进行连续观测,流动站上的接收设备在接收卫星信号的同时,通过无线电传输设备接收基准站上的观测数据,流动站上的计算机(手簿)根据相对定位的原理实时计算显示出流动站的三维坐标和测量精度。这样,用户就可以实时监测待测点的数据观测质量和基线解算结果的收敛情况,从而根据待测点的精度指标确定观测时间,以减少冗余观测,提高工作效率。

1. RTK 技术的优点

(1) 作业效率高。

在一般的地形、地势下,高质量的 RTK 技术设站一次即可测完 5 km 半径的测区,大大减少了传统测量所需的控制点数量和测量仪器的"搬站"次数,仅需一人操作且每个放样点只需要停留 1~2 s 就可以完成作业。在公路路线测量中,每小组(3~4 人)每天可完成中线测量 6~8 km,并在中线放样的同时完成中桩抄平工作。若用其进行地形测量,每小组每天可以完成 0.8~1.5 km² 的地形图测绘,其精度和效率是常规测量所无法比拟的。

(2) 定位精度高。

运用 RTK 技术进行测量工作,没有误差积累。只要满足 RTK 技术的基本工作条件,在一定的作业半径范围内(一般为 5 km),RTK 技术的平面精度和高程精度都能达到厘米级,且不存在误差积累。

(3) 全天候作业。

RTK 技术不要求两点间满足光学通视,即满足电磁波通视和对空通视的要求就可以完成测量工作,因此,和传统测量相比,RTK 技术作业受限因素少,几乎可以全天候作业。

(4) RTK 作业自动化、集成化程度高。

RTK 可胜任各种测绘外业工作。由于流动站配备了高效的手持操作手簿,手簿内置的专业软件可自动实现多种测绘功能,极大地减少了人为误差,保证了作业精度。

2. RTK 技术的缺点

虽然 GPS 技术有着常规仪器所不能比拟的优点,但经过多年的工程实践证明,RTK 技术仍然存在以下几个方面的不足。

(1) 受卫星状况限制。

GPS 总体设计方案是在 1973 年完成的,受当时的技术限制,该方案存在很多不足。随着时间的推移和用户要求的日益提高,GPS 卫星的空间组成和卫星信号强度都不能满足当前的需要,当卫星系统位置对美国是最佳的时候,世界上有些国家在某一确定的时间段仍不能很好地被卫星所覆盖。例如,在中、低纬度地区每天总有两次盲区,每次 20~30 min,此时卫星几何图形结构强度低,RTK 测量很难得到固定解。同时,由于信号强度较弱,GPS 在对空遮挡比较严重的地方无法正常使用。

(2) 受电离层影响明显。

由于部分地区白天中午,RTK 技术受电离层干扰大,共用卫星数少,因而初始化时间长甚至不能初始化,也就无法进行测量。根据 RTK 技术实际的生产经验,部分地区每天中午一段时间内,RTK 技术测量很难得到固定解。

(3) 受数据链电台传输距离影响。

数据链电台信号在传输过程中易受外界环境影响,如高大山体、建筑物和各种高频信号源的干扰,会出现信号衰减严重的现象,严重影响外业精度和作业半径。另外,当 RTK 技术作业半径超过一定距离时,测量结果误差超限,所以 RTK 的实际作业有效半径比其标称半径要小,工程实践和专门研究都证明了这一点。

(4) 受对空通视环境影响。

利用 RTK 技术在山区、林区、城镇密楼区等地作业时,GPS 卫星信号被阻挡频率较多,信号强度低,卫星空间结构差,容易造成失锁,重新初始化困难甚至无法完成初始化,影响正常作业。

(5) 受高程异常问题影响。

RTK 技术作业模式要求高程的转换必须精确,但我国现有的高程异常分布图在有些地区,尤其是山区,存在较大误差,在有些地区还是空白,这就使得将 GPS 大地高程转换为海拔高程的工作变得比较困难,精度也不均匀,影响了 RTK 的高程测量精度。

(6) 可靠度不稳定。

RTK 技术确定整周模糊度的可靠性为 $95\% \sim 99\%$,在稳定性方面不及全站仪,这是由于 RTK 较易受卫星状况、天气状况、数据链传输状况的影响。

二、RTK 技术的应用

RTK 被应用于很多方面,在测图工作中的应用也越来越普及,尤其是在外界环境利于 GPS 的地区,其测图效率远远高于其他测量方法,并且其测量精度也能够保证。现以南方 GPS-RTK (S86T)系统为例,对 RTK 技术测图进行简要的介绍。

1. 安装仪器

安置 GPS 基准站(见图 7.14),并对基准站进行设置。基准站控制面板如图 7.15 所示。

图 7.14 基准站架立

图 7.15 基准站控制面板

此型号基准站控制面板共有4个指示灯、4个控制按钮,其功能如下:TX为信号发射灯,每1 s闪烁一下;RX为信号接收灯,每1 s闪烁一下;BT为蓝牙灯,常亮;DATA为数据指示灯,每1 s闪烁一下;F1、F2为选择功能键;RESET为强制主机关机键;还有一个电源键。

2. 蓝牙连接

将主机模式设置好后,用手簿连接蓝牙,具体设置步骤如下。依次点击"开始"→"设置"→"控制面板",在控制面板窗口双击"Bluetooth设备属性",如图7.16所示;在蓝牙设备管理器窗口选择"设置",选择"启用蓝牙",点击"OK"键关闭窗口;在蓝牙设备管理器窗口,点击扫描设备,如果在附近(小于12 m的范围内)有上述主机,在"蓝牙管理器"对话框将显示搜索结果;搜索完毕后选择要连接的主机号,点击"确定"关闭窗口即可。

 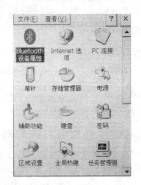

图7.16 手簿蓝牙设置

注:整个搜索过程可能持续10 s~1 min,请耐心等待(周围设备蓝牙设备越多所需时间越长)。

3. 仪器初始化

打开电子手簿中的"工程之星"软件,通过配置选项中的端口设置读取主机信息,启动基准站。

4. 求转换参数校正

在新建工程中设置当地所采用的坐标系统,选择"工程之星"中的输入选项,求解转换参数并对坐标进行校正。

5. 点位测量

RTK测图工作就是通过"工程之星"测量选项(见图7.17)进行点位测量,当软件中显示为固定解时,即可进行采点工作,且数据将自动保存到手簿中。

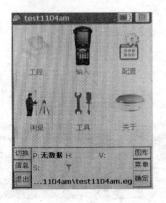 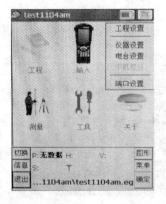

图7.17 点位测量手簿配置

项目 8 建筑施工放样的基本方法

测设又称放样,是测绘的逆过程。测设是指根据待建建筑物、构筑物各特征点与控制点之间的距离、角度、高差等测设数据,以控制点为根据,将各特征点在实地标定出来。

测设的三个基本量为:水平角、水平距离、高差。通过测设水平距离和水平角来确定放样点的平面位置 x、y;通过测设高差来确定放样点的高程。

任务 1 水平角度测设

测设工作是根据工程设计图纸上待建建筑物、构筑物的轴线位置、尺寸及其高程,计算出待建建筑物、构筑物各特征点(或轴线交点)与控制点(或已建成建筑物特征点)之间的距离、角度、高差等测设数据,然后以地面控制点为依据,将待建的建筑物、构筑物的特征点在实地标定出来,以便施工。

不论测设对象是建筑物还是构筑物,测设的基本工作是测设已知的水平距离、水平角度和高程。

测设已知水平角是根据水平角的已知数据和一个已知方向,把该角的另一个方向测设在地面上,如图 8.1 所示。测设方法分为一般方法和精确方法。

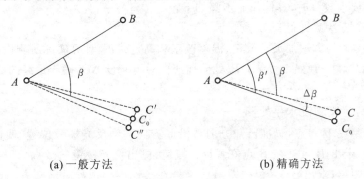

(a) 一般方法　　　　(b) 精确方法

图 8.1　水平角测设

1. 一般方法

当测设水平角的精度要求不高时,可用盘左、盘右取中数的方法,此法又称为盘左盘右分中法。设地面上已有 AB 方向线,从 AB 右侧测设已知水平角度值。为此,将经纬仪安置在 A 点,

用盘左瞄准 B 点，读取度盘数值；松开水平制动螺旋，旋转照准部，使度盘读数增加 β 角值，在此视线方向上定出 C' 点。为了消除仪器误差和提高测设精度，用盘右重复上述步骤，再测设一次，得到 C'' 点，取 C' 和 C'' 的中点 C_0，则 $\angle BAC_0$ 就是要测设的 β 角。

2. 精确方法

测设水平角的精度要求较高时，可采用作垂线改正的方法，以提高测设的精度。在 A 点安置经纬仪，先用一般方法测设 β 角，在地面上定出 C_0 点；再用测回法测几个测回，取平均值为较精确角值 β'。根据 β' 与设计角值 β 的差值和 AC_0 的距离，即可按公式 $CC_0=AC_0\times(\beta'-\beta)/\rho$ 计算出垂直改正值 CC_0。测设时，根据 $\beta'-\beta$ 的正负确定沿 AC_0 方向的垂线向内或向外量取 CC_0，得到的 $\angle BAC$ 即为最终要测设的 β 角。

任务 2　水平距离测设

在地面上丈量两点间的水平距离时，首先是用尺子量出两点间的距离，再进行必要的改正，以求得准确的实地水平距离，而测设已知的水平距离时，其程序恰恰相反，如图 8.2 所示。具体测设方法叙述如下。

图 8.2　水平距离测设

1. 一般方法

测设已知距离时，线段起点和方向是已知的。若要求以一般精度进行测设，可在给定的方向，根据给定的距离值，用钢尺丈量的一般方法从起点量得线段的另一端点。为了提高测设的精确性，应往返丈量测设的距离，若往返丈量的较差在限差之内，取其平均值作为最后结果。

2. 精确方法

当测设精度要求较高时，具体作业步骤如下：

(1) 先按一般方法测设得到 B_0 点；

(2) 按精确丈量的方法加尺长改正、温度改正和高差改正，计算实际所测设的水平距离 D'；

(3) 根据 $\Delta D=D-D'$ 的正负，在 B_0 处向前或向后再测设 ΔD，确定最终的 B 点位置，则 AB 就是要测设的距离。

3. 用红外测距仪测设水平距离

安置红外测距仪于 A 点，瞄准已知方向。沿此方向移动反光棱镜位置，使仪器显示值略大于测设的距离 D，定出 B' 点。在 B' 点安置反光棱镜，测出反光棱镜的竖直角以及斜距（加气象改正），计算水平距离，求出 ΔD。根据差值的符号在实地用小钢尺沿已知方向改正 B' 至 B 点，并用木桩标定其点位。为了提高测设的精确性，应将反光棱镜安置于 B 点再实测 AB 的距离，若不符合应再次进行改正，直到测设的距离符合限差为止。

如果使用具有跟踪功能的测距仪或电子速测仪测设水平距离，则更为方便，它能自动进行气象改正及将倾斜距离改算成平距并直接显示。测设时，将仪器安置于 A 点，瞄准已知方向，测出气象要素(气温及气压)并输入仪器,此时点击功能键盘上的"测量水平距离"和"自动跟踪"按钮,一人手持反光棱镜杆(杆上圆水准气泡居中,以保持反光棱镜杆径直)立在 B 点附近。只要观测者指挥手持棱镜者沿已知方向线前后移动棱镜,观测者即能在速测仪显示屏上测得瞬时水平距离。当显示值等于待测设的已知水平距离值时,即可定出 B 点。

任务 3 高程及坡度测设

一、高程测设

测设由设计所给定的高程是根据施工现场已有的水准点引测的。它与水准测量不同之处在于:测设不是测定两固定点之间的高差,而是根据一个已知高程的水准点,测设设计所给定点的高程。如果已知水准点 A 的高程 H_A 及待测点 B 的设计高程 H_B(见图8.3),具体测设方法叙述如下。

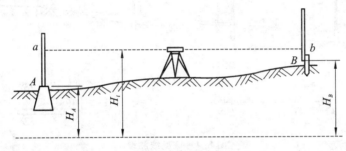

图 8.3 高程测设

(1) 在 AB 两点之间安置仪器,在 A 点上立水准尺,读取后视读数 a。

(2) 计算测设数据。已知水准仪视线高程 $H_i = H_A + a$,那么可知,待测点 B 上水准尺应有的读数为 $b = H_i - H_B$。

(3) 在 B 点处立水准尺,指挥扶尺者将尺靠在木桩一侧,竖直上下移动水准尺,当水准仪读数恰好为 b 时,沿尺底在木桩上标注画线,即为 B 点的设计高程 H_B。

如果在高程测设过程中遇到 $H_B > H_A + a$ 的情况,这时可以将水准尺倒立并上下移动,当读数为 b 时,水准尺的零点即为所放样的高程。当待测点的高程与已知高程点高差过大时,如放样建筑物地基的壕沟或从地面上放样高层建筑物,可以采用悬挂钢尺与水准仪相结合的方法,在地面和壕沟或高层两次安置水准仪观测悬挂的钢尺,该方法称为高程传递。需要注意的是:在建筑设计和施工的过程中,为了计算方便,一般将建筑物的室内地坪用±0.000 标高表示,基础、门窗等的标高都是以±0.000 为依据,相对于±0.000 测设的。

二、坡度测设

测设指定的坡度线,在道路建筑和敷设上、下水管道及排水沟等工程上应用较广泛。坡度线测设所用的仪器为水准仪或经纬仪。

根据已定坡度和 AB 两点间的水平距离计算出 B 点的高程,再用测设已知高程的方法,将

B 点的高程测设出来,如图 8.4 所示。具体测设步骤如下。

(1) 已知点 A,其高程为 H_A,设计的坡度为 i,设计坡度的终点 B,用钢尺量出 AB 之间的水平距离 D,根据公式 $H_B = H_A + iD$,计算 B 点设计高程。

(2) 在 AB 方向上每间隔距离 d 打下一木桩,定为中间点 1,2,3…。

(3) 用高程测设的方法将设计坡度线两端 A、B 的设计高程 H_A、H_B 测设于实地;然后将水准仪安置在 A 点,并量取仪器高 i_A(i_A 为 A 点设计高程到仪器中心的铅垂距离),安置水准仪时使一个脚螺旋在 AB 方向上,另两个脚螺旋的连线大致垂直于 AB 方向线,照准 B 点上的水准尺,旋转 AB 方向上的脚螺旋,使视线在 B 尺上的读数等于仪器高 i_A,此时水准仪的倾斜视线与设计坡度线平行。

(4) 在 A、B 两点之间各桩点上立水准尺,当上下移动水准尺读数都等于仪器高 i_A 时,在尺底画线,各画线的连线即为所要测设的坡度线。

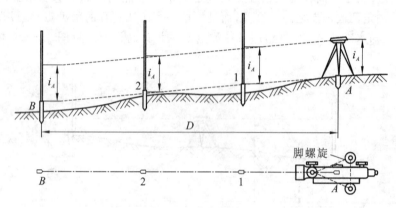

图 8.4 坡度线测设

使用水准仪测设已知高程也可采用水平视线法,即中间每个桩点处尺上读数不同,按坡度和距离大小变化尺上的读数。水准仪适用于坡度较小的情况,当坡度较大时,可用经纬仪进行测设,测设方法与水准仪测设方法基本相同。将经纬仪安置在 A 点上,根据坡度值计算出竖直角 α,视线方向上,将经纬仪视线倾斜角调为 α,坡度线上尺子读数方法与水准仪法相同。当然,坡度的测设也可使用全站仪来测设。

任务 4 平面点位测设

平面位置的测设是根据已布设好的施工控制点,将待测设点的坐标位置利用仪器和一定的方法标定到实地中。测设平面点位的方法主要有下列几种,可根据施工控制网的形式,以及控制点的分布情况、地形情况、现场条件及待建建筑物的测设精度要求等进行选择。

一、极坐标法

极坐标法是根据水平角和距离测设点的平面位置,其适用于测设距离较短,且便于量距的情况。如图 8.5 所示,已知 A、B 两控制点,P 为待测设点,测设 P 的过程如下。

(1) 根据两个已知控制点 A、B 的已知坐标及待测点 P 的设计坐标，计算 P 点测设数据水平角 β 和水平距离 D_{BP}。

方位角：$\alpha_{BP} = \arctan \dfrac{\Delta y_{BP}}{\Delta x_{BP}}$；$\alpha_{BA} = \arctan \dfrac{\Delta y_{BA}}{\Delta x_{BA}}$

水平角：$\beta = \alpha_{BP} - \alpha_{BA}$

水平距离：$D_{BP} = \sqrt{(x_P - x_B)^2 - (y_P - y_B)^2} = \sqrt{\Delta x_{BP}^2 + \Delta y_{BP}^2}$

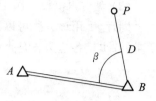

图 8.5　极坐标法测设点位

(2) 在测站点 B 处安置经纬仪，对中整平。经纬仪瞄准后视点 A 点，读取水平度盘读数 a_1。计算待测设点 P 的应有水平度盘读数为 $a_2 = a_1 - \beta$。

(3) 转动照准部，找到待测设点 P 的水平度盘读数大致为 a_2 的方向，旋紧水平制动螺旋，用水平微动螺旋精确对准水平度盘读数 a_2。在此方向即为 BP 方向。

(4) 沿 BP 方向，用钢尺自 B 量取水平距离 D_{BP}，定出点 P 位置，设立桩点。变换钢尺起点重新量取 D_{BP}，再一次确定 P 点位置，取两次中点作为 P 点最终位置。

(5) 检核各边长，利用坐标计算距离是否符合限差要求，一般要求为 1/2000。

二、直角坐标法

当建筑物附近已有彼此垂直的主轴线时，可采用直角坐标法测设点位。直角坐标法计算简单，施测方便，精度较高，是应用较广泛的一种方法。当场地已建立互相垂直的主轴线或建筑方格网时，一般采用直角坐标法完成施工场地上的点位测设工作。

如图 8.6 所示，A、B、C、D 为建筑方格网（或建筑基线）控制点，1、2、3、4 点为待测设建筑物轴线的交点，建筑方格网（或建筑基线）分别平行或垂直于待测设建筑物的轴线。根据控制点的坐标和待测设点的坐标可以计算出两者之间的坐标增量。

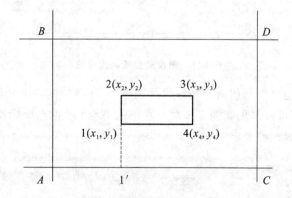

图 8.6　直角坐标法测设点位

测设 1 点位置时，步骤如下：

(1) 在 A 点安置经纬仪，照准 C 点，沿此视线方向从 A 向 C 测设水平距离 Δy_{A1} 定出 $1'$ 点；

(2) 在 $1'$ 点安置经纬仪，盘左瞄准 C 点（或 A 点）测设 $90°$，并沿此方向测设出水平距离 Δx_{A1} 定出 1 点；

(3) 盘右再测设一次 1 点,取平均位置作为所需放样的点位。

同理,采用该方法可以测设其他点。检核时,在测设好的点上,检测各个角度是否符合设计要求,并丈量各边边长是否满足相对误差要求。

三、角度交会法

角度交会法又称方向线交会法。当待测设点远离控制点且不便量距正确时,采用此法较为适宜。

由于测设存在误差,若采用角度交会法测设,三条方向线不交于一点时,会出现一个很小的三角形,称为误差三角形。当误差三角形边长在允许范围内时,可取误差三角形的重心作为点位。

角度交会法是在两个控制点上分别安置经纬仪,根据相应的水平角测设出相应的方向,并根据两个方向交会定出点位的一种方法。此法适用于待测设点位离控制点较远或量距有困难的情况。

如图 8.7 所示,测设过程如下:

(1) 根据控制点 A、B 和待定点 1、2 的坐标,反算出测设数据 β_{A1}、β_{A2}、β_{B1} 和 β_{B2} 的角度值;

(2) 将经纬仪安置在 A 点,瞄准 B 点,按照盘左盘右分中法,利用 β_{A1}、β_{A2} 角值定出 $A1$、$A2$ 方向线,并在其方向线上的 1、2 两点附近分别打下两个木桩,桩上钉上小钉子,并用细线拉紧;

(3) 在 B 点安置经纬仪,采取同样的方法定出 $B1$、$B2$ 方向线;

(4) 根据 $A1$ 和 $B1$、$A2$ 和 $B2$ 方向线分别交会出 1、2 两点,进行标定。

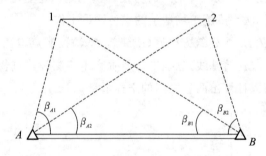

图 8.7 角度交会法测设点位

测设这种点位时,也可以利用两台经纬仪分别在 A、B 两控制点分别设站,测设出方向线后标定出 1、2 两点。检核可以采用实测 1、2 两点水平距离与 1、2 两点坐标反算的水平距离进行对比,点位误差应满足相对误差要求。

四、距离交会法

距离交会法是根据两段已知距离交会出点的平面位置。若建筑场地平坦,量距方便,且控制点离测设点又不超过一整尺的长度时,用此法比较适宜。在施工中细部位置测设时,常用此法。

如图 8.8 所示,点 1 的测设过程如下:

(1) 根据控制点 A、B 和待定点 1 的坐标,反算出测设数据 $D1$ 和 $D2$;

(2) 用钢尺从 A、B 两点分别测设 $D1$ 和 $D2$,其交点即为所求点 1 的平面位置;

(3) 同样的方法交会出点 2。

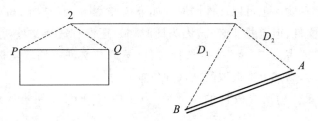

图 8.8 距离交会法测设点位

检核时,可利用实测 1、2 两点的水平距离与 1、2 两点设计坐标反算的水平距离进行对比,点位误差应满足相对误差要求。

五、全站仪点位放样

全站仪具有高精度、速度快、功能多的特点,在施工放样中应用很方便,其坐标放样功能就是根据控制点和待测设点的坐标定出点位。不同全站仪的具体操作基本相同,放样菜单界面如图 8.9 所示,步骤如下。

(1) 选择放样文件,可进行测站坐标数据、后视坐标数据和放样点数据的调用。

(2) 设置测站点。

(3) 设置后视点,确定方位角。

(4) 输入所需的放样坐标,开始放样。

仪高和标高操作步骤可参考任务 2 中的坐标测量进行。设置测站点和设置后视点是放样前的准备工作,如果确认在其他的功能中已经进行了设置站点和后视点的操作,这些操作也可以不做。设置测站点的操作方法参见坐标测量中的测站,设置后视点的操作方法参见坐标测量中的后视。设置后视点和方位角的目的是一样的,就是为了定后视点的方位角,操作时务必瞄准后视点。

(5) 选择点放样。

第一步:设置放样点,如图 8.10 所示。

图 8.9 放样菜单界面

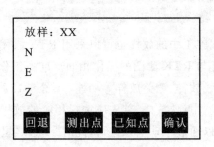

图 8.10 设置放样点

坐标点既可以键盘输入也可以文件调取。如果点击"测出点"或"已知点"按钮,则坐标从文件中调取(事先选择文件,但也并非必要,因为此时如果还没有选择文件,系统将提示用户从文件列表中选择文件),或者点击"★"按钮选择文件;然后从文件中调取坐标。如果已经调取过点,则下次进入放样时,默认上次调取的文件和位置。

第二步:放样测量。确认要放样的坐标后,点击"ENTER"按钮进入放样测量,界面如图8.11所示。

点击"F3"按钮,放样结果可在距离与坐标之间切换,其中:dHR 为负表示照准部顺时针旋转,可以达到期望的放样点,反之要逆时针旋转照准部;dHD 为正表示棱镜要向仪器方向移动才能达到期望的放样点,反之要向背离仪器的方向移动;dN 为负时表示向北移动,棱镜可以达到期望的放样点,反之要向南移动;dE 为负时表示要向东方向移动棱镜可以达到期望的放样点,反之要向西移动;dZ 为正时表示目标(棱镜)要向下挖方,反之要向上填方。

先固定螺旋锁定方向,并用微动螺旋精确调整使 dHR 为零,方向定准后,指挥跑尺员在地面标记该方向;随后按对应功能键,在界面中可选择坐标或是测距模式,以便通过实际测量计算出 dHD,根据该数值即可指挥跑尺员在该方向上移动棱镜,直至 dHD 为零;最后用桩标定该待测点,得到待放样点的平面位置。

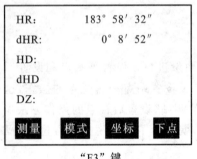 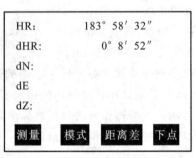

图 8.11 放样测量

放完一点后,务必进行检核,最终保证点位误差在施工对象的建筑限差所允许的限度内,即应满足建筑限差对放样工作的要求。"下点"表示进行下一个点的放样,在当前选择的文件中查找到下一个坐标点(也可直接输入坐标),返回到输入放样坐标的界面并将坐标显示出来,点击"ENTER"按钮即可进行新点的放样。

六、GPS 点放样

工程施工中的放样也可以采用 RTK 技术进行,在使用 RTK 技术进行放样前,对仪器的架立和设置与 RTK 测图的操作相同。准备工作进行完毕后,在"工程之星"软件中选择测量→点放样、直线放样、道路放样等功能,如图 8.12 所示。

如进行点位放样,首先应选择相应的放样目标,放样点目标既可以通过"放样点坐标库"选取,也可以通过手动输入进行,此时"工程之星"软件便能够显示当前点与放样点间的距离(见图8.13),重复放样工作直到点位精度满足要求即可。

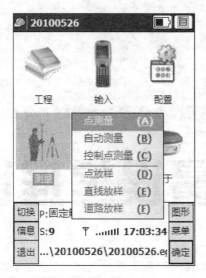
图 8.12　手簿放样设置

图 8.13　点位放样

RTK 技术放样功能中的道路放样是为道路施工所设计的,其能极大地方便道路测设。同样地,在安置好仪器后,选择测量中的道路放样,点击"目标"按钮,通过"打开"按钮选择一个已经设计好的线路文件(见图 8.14)。列表中显示设计文件中的所有点(默认设置),用户也可以通过在列表下的标志、加桩点、计算点的对话框中打钩来选择是否在列表中显示这些点。如果要进行整个线路放样,就点击"线路放样"按钮,进入线路放样模式进行放样;如果要对某个标志点或加桩点进行放样,就点击"点放样"按钮,进入点放样模式;如果要对某个中桩的横断面放样,就点击"断面放样"按钮。

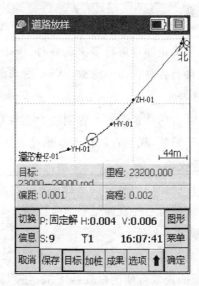

图 8.14　道路放样

随着俄罗斯 GLONASS 定位系统的完善,伽利略卫星导航系统的全球卫星导航定位系统的建成,以及我国北斗卫星导航系统的启用,未来将出现多种空间资源共用的局面,RTK 技术的使用范围将更广,效率也将更高。

项目 9 测量误差理论

测量误差理论是通过研究测量误差的来源、性质及其产生和传播的规律,建立起来的概念和原理的体系。研究测量误差的目的:一是采取合理的观测手段,减弱误差对观测结果的影响;二是通过处理求得观测量的最可靠值并对观测值进行精度评定。本章主要介绍测量误差的来源与分类、评定精度的指标以及误差传播定律等内容。

任务 1 测量误差的来源与分类

一、观测误差产生的原因

当对某个确定的量进行多次观测时,所得到的各结果之间往往存在着一些差异,这是由于观测值中包含有各种误差的缘故。误差的来源有 3 个方面。

1. 观测者

由于观测者的感觉器官的鉴别能力存在局限性,在其进行仪器安置、照准、读数等工作时,会产生误差。另外,观测者的技术水平及工作态度也会对观测结果产生影响。

2. 测量仪器

测量工作所使用的测量仪器都具有一定的精密度,会使观测结果的精度受到限制。测量仪器构造上的缺陷也会使观测结果产生误差。

3. 外界观测条件

外界观测条件是指野外观测过程中,外界条件的因素对观测结果的影响,如有风会使测量仪器不稳,地面松软可使测量仪器下沉,强烈阳光照射会使水准管变形等。外界观测条件是保证野外测量质量的一个重要因素。

观测者、测量仪器和观测时的外界条件是引起观测误差的主要因素,这三者通常统称为观测条件。观测条件相同的各次观测,称为等精度观测;观测条件不同的各次观测,称为非等精度观测。

二、观测误差的分类

观测误差按其性质分类,可分为系统误差、偶然误差和粗差。

1. 系统误差

系统误差是指由仪器制造或校正不完善、观测员生理习性、测量时外界条件等原因引起的误差,它在观测成果中具有累积性。等精度条件下获得的观测列,其数据的大小、符号按照一定规律变化。系统误差对成果质量影响显著,观测者应在观测过程中采取相应措施予以消除。

2. 偶然误差

偶然误差是指由一系列不能严格控制的因素(如湿度、温度、空气振动等)随机扰动引起的误差。偶然误差在观测过程中随机产生,同精度观测列中,其变化服从一定的统计规律。这种随机误差又可分为两种:一种是误差的数学期望不为零,称为随机性系统误差;另一种是误差的数学期望为零,称为偶然误差。这两种随机误差经常同时发生,所得数据需根据最小二乘法原理加以处理。

3. 粗差

粗差是指由一些不确定因素引起的误差。目前,国内外学者对粗差的看法还未统一:一类观点认为粗差与偶然误差具有相同的方差,但期望值不同;另一类观点认为粗差与偶然误差具有相同的期望值,但其方差十分巨大;还有一类观点认为偶然误差与粗差具有相同的统计性质,但有正态与病态的不同;还有少数学者认为粗差属于离散型随机变量。

三、偶然误差的特性

偶然误差是测量误差理论研究的主要对象。从单个偶然误差来看,其符号和大小没有一定的规律性,但对大量的偶然误差进行统计分析就能发现其规律性,即误差个数越多,规律性越明显。

例如,在相同的观测条件下,对 358 个三角形的内角进行观测。由于观测值含有偶然误差,所以每个三角形的内角和不等于 180°。设三角形内角和的真值为 X,观测值为 L,其观测值与真值之差为**真误差**,记为 Δ,用公式表示为

$$\Delta = L_i - X \quad (i=1,2,\cdots,358) \tag{9-1}$$

由式(9-1)计算出 358 个三角形内角和的真误差,并取误差区间为 0.2″,以误差的大小和正负号分别统计出它们在各误差区间内的个数 V 和频率 V/n,结果列于表 9.1。

表 9.1 偶然误差的区间分布

误差区间 dΔ″	正 误 差		负 误 差		合 计	
	个数 V	频率 V/n	个数 V	频率 V/n	个数 V	频率 V/n
0.0~0.2	45	0.126	46	0.128	91	0.254
0.2~0.4	40	0.112	41	0.115	81	0.226
0.4~0.6	33	0.092	33	0.092	66	0.184
0.6~0.8	23	0.064	21	0.059	44	0.123

续表

误差区间 dΔ″	正误差		负误差		合计	
	个数 V	频率 V/n	个数 V	频率 V/n	个数 V	频率 V/n
0.8~1.0	17	0.047	16	0.045	33	0.092
1.0~1.2	13	0.036	13	0.036	26	0.073
1.2~1.4	6	0.017	5	0.014	11	0.031
1.4~1.6	4	0.011	2	0.006	6	0.017
1.6以上	0	0	0	0	0	0
	181	0.505	177	0.495	358	1.000

从表 9.1 中可看出,最大误差不超过 1.6″,小误差比大误差出现的频率高,绝对值相等的正、负误差出现的个数近于相等。如果将表 9.1 中所列数据用图 9.1 表示,就可以更直观地看出偶然误差的分布情况。

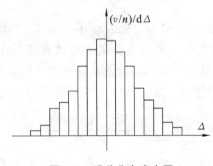

图 9.1 误差分布直方图

图 9.1 中横坐标表示误差的大小,纵坐标表示各区间误差出现的频率除以区间的间隔值。当误差个数足够多时,如果将误差的区间间隔无限缩小,则图 9.1 中各长方形顶边所形成的折线将变成一条光滑的曲线,这条曲线称为**误差分布曲线**。在概率论中,这种误差分布被称为**正态分布**。

大量实验统计结果证明,偶然误差具有如下特性:
(1)在一定的观测条件下,偶然误差的绝对值不会超过一定的限度;
(2)绝对值小的误差比绝对值大的误差出现的可能性大;
(3)绝对值相等的正误差与负误差出现的机会相等;
(4)当观测次数无限增多时,偶然误差的算术平均值趋近于零,即

$$\lim_{n\to\infty}\frac{[\Delta]}{n}=0 \tag{9-2}$$

观测者只有掌握了偶然误差的特性,就能根据带有偶然误差的观测值求出未知量的最可靠值,并衡量其精度,同时也可应用误差理论来研究最合理的测量工作方案和观测方法。

任务 2 评定精度的指标

在测量工作中,用来衡量观测值精度的常用标准有 3 种,即中误差、容许误差和相对误差。

一、中误差

中误差(又称均方误差)通常用 m 表示,是指同精度的观测列中,各真误差平方后平均数的

平方根,即

$$m = \pm \sqrt{\frac{[\Delta\Delta]}{n}} \tag{9-3}$$

【例 9-1】 设有两组等精度观测列,其真误差分别为

第一组　$-3''$、$+3''$、$-1''$、$-3''$、$+4''$、$+2''$、$-1''$、$-4''$;

第二组　$+1''$、$-5''$、$-1''$、$+6''$、$-4''$、$0''$、$+3''$、$-1''$。

试求这两组观测值的中误差。

【解】

$$m_1 = \pm \sqrt{\frac{9+9+1+9+16+4+1+16}{8}} = 2.9''$$

$$m_2 = \pm \sqrt{\frac{1+25+1+36+16+0+9+1}{8}} = 3.3''$$

比较 m_1 和 m_2 可知,第一组观测值的精度要比第二组高。

在此,要特别注意的是,等精度观测列中的所有观测值精度相同,且都对应着同一个中误差。虽然在相同观测条件下的各观测值的真误差存在差异,但由于它们对应着同一种误差分布,因此,它们属于同精度观测值。

二、容许误差

由偶然误差的第一特性可知,在一定的观测条件下,偶然误差的绝对值不会超过一定的限值,这个限值就是**容许误差**或**极限误差**。大量统计表明,在一系列的同精度观测误差中,真误差绝对值大于中误差的概率约为 32%;真误差绝对值大于 2 倍中误差的概率约为 5%;真误差绝对值大于 3 倍中误差的概率约为 0.3%,因此,测量中将 3 倍中误差作为观测值的极限误差,取 2 倍中误差作为容许误差,即

$$\Delta_{容} = 2m \tag{9-4}$$

在实际的测量工作中,当某观测值的误差超过了容许误差时,则该观测值含有粗差,应舍去不用或重测。

三、相对误差

对于某些观测结果而言,有时单靠中误差还不能完全反映观测精度的高低。例如,分别丈量 100 m 和 200 m 两段距离,中误差均为 ±0.02 m。虽然两者的中误差相同,但就单位长度而言,两者精度并不相同,后者显然优于前者。为了客观反映实际精度,常引入相对误差来评价观测值。

观测值中误差 m 的绝对值与相应观测值 S 的比值称为**相对中误差**。它是一个无名数,常用分子为 1 的分数表示,即

$$K = \frac{|m|}{S} = \frac{1}{\frac{S}{|m|}} \tag{9-5}$$

上例中,前者的相对中误差为 $\frac{1}{5000}$,后者为 $\frac{1}{10000}$,后者精度显然高于前者。

真误差或容许误差有时也用相对误差来表示。例如,距离测量中的往返测较差与距离值之

比就是所谓的**相对真误差**,即

$$\frac{|D_{往}-D_{近}|}{D_{平均}}=\frac{1}{\frac{D_{平}}{\Delta D}} \tag{9-6}$$

与相对误差对应,真误差、中误差、容许误差都是绝对误差。

任务 3 误差传播定律

当对某量进行一系列的观测后,观测值的精度可用中误差来衡量,但在实际工作中往往会遇到,某些量的大小并不是直接测定的,而是由观测值通过一定的函数关系间接计算出来的。例如,水准测量中的高差 h 就是直接观测值 a、b 的函数,即 $h=a-b$。上述函数表达式中,当 a、b 存在误差时,h 也会受到影响而产生误差,这就是误差传播。误差传播定律是研究观测值中误差与观测值函数中误差之间的关系的定律。

这里主要讨论一般函数的误差传播定律,同时给出三种特殊函数:线性函数、倍数函数、和差函数的误差传播式子,其他函数形式的误差传播规律在测量平差一章中有详细介绍。

一、一般函数误差传播定律

设有一般函数

$$z=f(x_1,x_2,\cdots,x_n) \tag{9-7}$$

式中,$x_1,x_2,\cdots,x_n$ 为独立观测值,且其中误差为 $m_i(i=1,2,\cdots,n)$。

当 x_i 具有真误差 Δ_i 时,函数 Z 则产生相应的真误差 Δ_z,因为真误差 Δ 是一微小量,故将式(9-7)取全微分,将其化为线性函数,并以真误差符号"Δ"代替微分符号"d",得

$$\Delta_z=\frac{\partial f}{\partial x_1}\Delta_{x_1}+\frac{\partial f}{\partial x_2}\Delta_{x_2}+\cdots+\frac{\partial f}{\partial x_n}\Delta_{x_n}$$

式中,$\frac{\partial f}{\partial x_i}$ 是函数对 x_i 取的偏导数并代入观测值后算出的数值,它们是常数,因此,将上式变形即可得到误差传播定律的一般形式

$$m_z^2=\left(\frac{\partial f}{\partial x_1}\right)^2 m_1^2+\left(\frac{\partial f}{\partial x_2}\right)^2 m_2^2+\cdots+\left(\frac{\partial f}{\partial x_n}\right)^2 m_n^2 \tag{9-8}$$

【例 9-2】 某一斜距 $S=106.28$ m,斜距的竖角 $\delta=8°30'$,中误差 $m_S=\pm 5$ cm、$m_\delta=\pm 20''$,求改算后的平距的中误差 m_D。

【解】
$$D=S\cdot\cos\delta$$

全微分化成线性函数,用"Δ"代替"d",得

$$\Delta_D=\cos\delta\cdot\Delta_S-S\sin\delta\Delta_\delta$$

根据式(9-8)可得

$$\begin{aligned}m_D^2&=\cos^2\delta m_S^2+(S\cdot\sin\delta)^2\left(\frac{m_\delta}{\rho}\right)^2\\&=(0.989)^2(\pm 5)^2+(1\,570.918)^2\left(\frac{20}{206\,265}\right)^2=24.45+0.02\\&=24.47\end{aligned}$$

$$m_D = 4.9$$

注意：上述计算中，单位统一为 cm，$\left(\dfrac{m_\delta}{\rho}\right)$ 是将角值的单位由 s 化为 rad。

二、几种特殊函数的误差传播定律

1. 线性函数

设有线性函数

$$z = k_1 x_1 \pm k_2 x_2 \pm \cdots \pm k_n x_n \tag{9-9}$$

式中，$x_1, x_2, \cdots, x_n$ 为独立观测值，$k_1, k_2, \cdots, k_n$ 为常数。

由一般函数误差传播定律公式(9-8)，可得线性函数的误差传播公式为

$$m_z^2 = (k_1 m_1)^2 + (k_2 m_2)^2 + \cdots + (k_n m_n)^2 \tag{9-10}$$

【例 9-3】 有一函数 $z = 2x_1 + x_2 + 3x_3$，其中，x_1、x_2、x_3 的中误差分别为 ± 3 mm、± 2 mm、± 1 mm，则 $m_z = \pm \sqrt{6^2 + 2^2 + 3^2} = \pm 7.0''$。

2. 倍数函数

设有倍数函数

$$z = kx \tag{9-11}$$

式中，k 为常数，x 为直接观测值。

由一般函数误差传播定律公式(9-8)，可得倍数函数的误差传播公式为

$$m_z = k m_x \tag{9-12}$$

式中，m_x、m_z 分别表示 x、z 的中误差。

由此可见，观测值倍数函数的中误差等于观测值中误差乘倍数。

【例 9-4】 用水平视距公式 $D = k \cdot l$ 求平距，已知观测视距间隔的中误差 $m_l = \pm 1$ cm，$k = 100$，则水平视距的中误差 $m_D = 100 \cdot m_l = \pm 1$ m。

3. 和差函数

设有和差函数

$$z = x \pm y \tag{9-13}$$

式中，x、y 为独立观测值。

由一般函数误差传播定律公式(9-8)，可得和差函数的误差传播公式为

$$m_z^2 = m_x^2 + m_y^2 \tag{9-14}$$

式中，m_x、m_y、m_z 分别表示 x、y、z 的中误差。

由此可见，观测值和差函数的中误差平方，等于两观测值中误差的平方之和。

【例 9-5】 在 $\triangle ABC$ 中，$\angle C = 180° - \angle A - \angle B$，$\angle A$ 和 $\angle B$ 的观测中误差分别为 $3''$ 和 $4''$，则 $\angle C$ 的中误差 $m_C = \pm \sqrt{m_A^2 + m_B^2} = \pm 5''$。

项目 10 房地产控制测量

本章介绍了控制测量的重要性和精度的概念,重点讲述了导线测量的基本原理及高程控制测量的基本知识和方法。

任务 1 控制测量概述

控制测量作为工程建设测量中的基础学科和应用学科之一,其任务是为较低等级测量工作提供依据,并在精度上起控制作用,它主要研究地面控制点空间位置的测定。

测量者在实际测量中必须遵循"从整体到局部,先控制后碎部"的测量实施原则,即先在测区内建立控制网并选取部分控制点,用精确的测量手段和计算方法确定其平面坐标和高程,以此为基础测定其他地面点的点位。这种对控制网进行布设、观测、计算,最终确定控制点位置的工作称为**控制测量**。

控制测量可分为平面控制测量和高程控制测量。平面控制测量通常采用三角网高程测量、导线测量、交会测量和 GPS 测量等方法进行测量,主要用来确定控制点的平面坐标。高程控制测量主要采用水准测量和三角高程测量等方法进行测量,主要用来确定控制点的高程。在传统测量工作中,平面控制网与高程控制网一般单独布设,但也可共同布设形成三维控制网。

控制测量主要用于各种工程建设、城镇建设和土地规划与管理等工作中,其作业流程一般包括技术设计、实地选点、标石埋设、观测和平差计算等。其中,技术设计主要实现精度指标的确定和控制网网形的设计,并采用"从整体到局部,分级布网,逐级控制"的布网原则。在设计控制网网形的过程中,通常是结合已收集的测区地形图、已有控制点成果及测区的人文、地理、气象、交通、电力等技术资料进行控制网的图上设计。实地踏勘选定控制点的位置并查明标石是否完好,绘制点之记。控制网中控制点的坐标或高程均由起算数据和观测数据经平差计算得到(只有一套必要起算数据的控制网称为独立网,多于一套必要起算数据的控制网称为附合网),其中,必要起算数据包括三角网中已知一个点的坐标、一条边的边长和一边的坐标方位角,以及水准网中一个已知点的高程。控制网中的观测数据应及时进行检核,以保证观测成果的精度。对于低等级控制网(例如图根控制网)而言,一般采用近似平差计算其控制点的坐标系和高程。

任务 2 直线定向

布设平面控制网的过程中,至少需要已知一条边的坐标方位角才可以确定其方向,这个过程称为**定向**;至少需要已知一个点的平面坐标才可以确定其平面位置,这个过程称为**定位**,因此,为计算出待定控制点的坐标,一般需要至少一组起算数据(已知一点的坐标和一条边的坐标方位角)。这样,通过已知点的坐标和已知边的坐标方位角,便可以确定控制网的方向和位置,再根据观测的角度和边长,便可以推算出各边的坐标方位角和水平距离,进而求得待定点的坐标。

在控制网内业计算中,必须进行坐标方位角的推算和平面坐标的正、反算。

一、标准方向

一条直线的方向是根据某一基本方向确定的,确定一条直线与标准方向之间的水平角称为**直线定向**。在测量工作中,常用的标准方向有真北方向、磁北方向和坐标北方向。

(1) 真北方向。

过地面某点真子午线的切线北端所指示的方向称为**真北方向**。真北方向可用天文测量的方法或陀螺经纬仪测定。

(2) 磁北方向。

磁针自由静止时其北端所指的方向称为**磁北方向**。磁北方向可用罗盘仪测定。

(3) 坐标北方向。

坐标纵轴正向所指的方向称为**坐标北方向**。一般取与高斯平面直角坐标系中 x 坐标轴平行的方向为坐标北方向。

二、方位角

方位角是指由直线一端的基本方向起,顺时针量至直线的水平角,其取值范围是 $0°\sim360°$。根据选定的标准方向不同,方位角可分为真方位角、磁方位角和坐标方位角。由真北方向起算的方位角称为**真方位角**;由磁北方向起算的方位角称为**磁方位角**;由坐标北方向起算的方位角称为**坐标方位角**。

一条直线的坐标方位角,由于起始点的不同而存在正、反坐标方位角,如 α_{12} 为点 1 到点 2 方向的坐标方位角,α_{21} 为点 2 到点 1 方向的坐标方位角。α_{12} 与 α_{21} 互称为**正、反坐标方位角**。由于高斯平面直角坐标系内各点处坐标北方向均是平行的,因此,同一条直线的正反坐标方位角总是相差 $180°$,即

$$\alpha_{12} = \alpha_{21} \pm 180° \tag{10-1}$$

三、坐标方位角推算

如图 10.1 所示,已知直线 AB 坐标方位角为 α_{AB},B 点处的转折角为 β。

当 β 为左角时(见图 10.1(a)),直线 BC 的坐标方位角 α_{BC} 为

$$\alpha_{BC} = \alpha_{AB} + \beta - 180° \tag{10-2}$$

当 β 为右角时(见图 10.1(b)),直线 BC 的坐标方位角 α_{BC} 为

$$\alpha_{BC} = \alpha_{AB} - \beta + 180° \tag{10-3}$$

因此,推算坐标方位角的一般公式为

$$\alpha_{前} = \alpha_{后} \pm \beta \pm 180° \tag{10-4}$$

式中,当 β 为右角时,其前取"—"。如果推算出的坐标方位角大于 $360°$,则应减去 $360°$;反之,则应加上 $360°$。

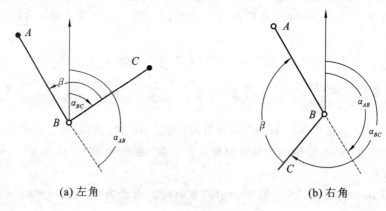

(a) 左角　　　　　　　　　　(b) 右角

图 10.1　坐标方位角推算

四、象限角与坐标正反算

如图 10.2 所示,设 A 为已知点,B 为未知点,当 A 点坐标 (x_A, y_A)、A 点至 B 点的水平距离 S_{AB} 和坐标方位角 α_{AB} 均为已知时,可求得 B 点坐标 (x_B, y_B),该过程通常称为**坐标正算**。由图 10.2 可知

$$\begin{aligned} x_B &= x_A + \Delta x_{AB} \\ y_B &= y_A + \Delta y_{AB} \end{aligned} \tag{10-5}$$

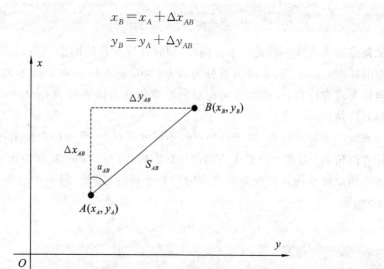

图 10.2　坐标正、反算

其中

$$\Delta x_{AB} = S_{AB} \times \cos\alpha_{AB}$$
$$\Delta y_{AB} = S_{AB} \times \sin\alpha_{AB} \tag{10-6}$$

所以,式(10-5)也可写为

$$x_B = x_A + S_{AB} \times \cos\alpha_{AB}$$
$$y_B = y_A + S_{AB} \times \sin\alpha_{AB} \tag{10-7}$$

式中,Δx_{AB} 和 Δy_{AB} 称为**坐标增量**。

坐标反算是根据两端点的已知坐标推算出直线的坐标方位角和水平距离。如图 10.2 所示,设 A、B 两已知点的坐标分别为 (x_A, y_A) 和 (x_B, y_B),则直线 AB 的坐标方位角 α_{AB} 和水平距离 S_{AB} 为

$$\alpha_{AB} = \arctan\frac{\Delta y_{AB}}{\Delta x_{AB}} \tag{10-8}$$

$$S_{AB} = \frac{\Delta y_{AB}}{\sin\alpha_{AB}} = \frac{\Delta x_{AB}}{\cos\alpha_{AB}} = \sqrt{\Delta x_{AB}^2 + \Delta y_{AB}^2} \tag{10-9}$$

其中,$\Delta x_{AB} = x_B - x_A$,$\Delta y_{AB} = y_B - y_A$。

在此指出,式(10-6)中的 Δy_{AB}、Δx_{AB} 应取绝对值,通过计算得到的值为象限角 R_{AB},象限角取值范围为 $0°\sim90°$。

测量工作通常用坐标方位角来表示直线的方向,因此,计算出象限角 R_{AB} 后,应将其转化为坐标方位角 α_{AB},其转化方法如表 10.1 所示。

表 10.1 象限角 R_{AB} 与坐标方位角 α_{AB} 的关系

象限	坐标增量	关系	象限	坐标增量	关系
I	$\Delta x_{AB}>0$ $\Delta y_{AB}>0$	$\alpha_{AB}=R_{AB}$	III	$\Delta x_{AB}<0$ $\Delta y_{AB}<0$	$\alpha_{AB}=R_{AB}+180°$
II	$\Delta x_{AB}<0$ $\Delta y_{AB}>0$	$\alpha_{AB}=R_{AB}+180°$	IV	$\Delta x_{AB}>0$ $\Delta y_{AB}<0$	$\alpha_{AB}=R_{AB}+360°$

任务 3 导线测量

一、导线的布设形式

在建立小地区平面控制网的测量工作中,尤其是地物分布较复杂、视线障碍较多或带状地区,一般采用导线测量的方法。根据测区的实际情况和要求,导线可布设成单一导线和导线网。两条以上导线的交会点,称为**导线结点**。是否存在结点则是单一导线与导线网的主要区别。本节仅讨论单一导线的布设方法及外业、内业工作。

根据不同的测量需要,单一导线可布设为闭合导线、附合导线和支导线 3 种形式。

1. 闭合导线

闭合导线是指从一个已知点出发,最后又回到该点,所形成的一个闭合多边形的导线,如图

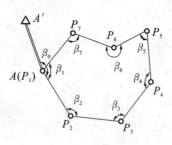

10.3所示。在闭合导线的已知控制点上至少应有一条已知方向边与之相连接。由于闭合导线是一种可靠性极差的控制网图形,因此在实际工作中应尽量避免单独采用。

2. 附合导线

附合导线是指导线起始于一个已知控制点而终止于另一个已知控制点所形成的导线,如图10.4所示。附合导线的已知控制点上既可以有一条或几条已知方向边与之相连接,也可以没有定向边与之相连接。这种布设形式存在多个检核条件,这样可以提高测量成果的精度。

图10.3 闭合导线

3. 支导线

由一个已知控制点出发,既不附合到另一个已知控制点,又不闭合到原起始控制点的导线,称为**支导线**,如图10.5所示。因为支导线缺乏检核条件,一般只用于地形测量的图根导线中,且其支出的控制点数一般不超过2个。

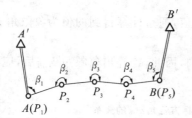

图10.4 附合导线

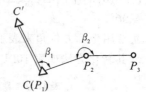

图10.5 支导线

二、图根导线测量的外业工作

用导线测量方法建立小地区平面控制网,通常分为三、四等导线,一级、二级、三级导线和图根导线等几种等级,本节仅介绍图根导线测量方法。图根导线测量的外业工作主要包括:踏勘选点及建立标志、导线边长测量、导线转折角测量和联测。

1. 踏勘选点及建立标志

踏勘选点前,首先应到有关部门收集测区原有的地形图、高一等级控制点的成果资料,然后在地形图上展绘原有控制点,并初步拟订图根导线的布设路线,最后按照设计方案到实地踏勘、核对、修改、落实点位和建立标志。如果测区内有关部门不能提供地形图资料,则需详细踏勘现场,根据已知控制点的分布,综合考虑测区地形条件及城市建设和施工需要等因素,合理选定导线点的位置。实地选点时,应注意以下几点。

(1)点位应选在地势较平坦、土质坚实且视野宽阔处,相邻点间通视良好。

(2)导线点应有足够的密度,且均匀分布在测区。导线点选定后,如图10.6所示,可用木桩或铁钉作为临时性标志并涂上红油漆使标志明显。若需保存时间较长,则需埋设混凝土桩或石桩,且桩顶刻"⊕"字作为永久性标志,如图10.7所示。另外,导线点应统一编号并绘制点之记。

项目 10
房地产控制测量

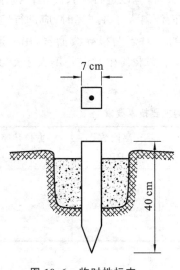

图 10.6 临时性标志

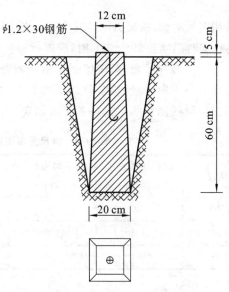

图 10.7 永久性标志

(3) 导线各边的边长最长不超过平均边长的 2 倍，相邻边长尽量不使其长短相差悬殊，如表 10.2 所示。

表 10.2 城市导线测量主要技术指标

等级	导线长度/km	平均边长/km	测角中误差/(″)	测角中误差/mm	测距相对中误差	测回数			方位角闭合差/(″)	相对闭合差
						DJ1	DJ2	DJ6		
三等	14	3	1.8	20	≤1/150000	6	10	—	$3.6\sqrt{n}$	≤1/55000
四等	9	1.5	2.5	18	≤1/80000	4	6	—	$5\sqrt{n}$	≤1/35000
一级	4	0.5	5	15	≤1/30000	—	2	4	$10\sqrt{n}$	≤1/15000
二级	2.4	0.25	8	15	≤1/14000	—	1	3	$16\sqrt{n}$	≤1/10000
三级	1.2	0.1	12	15	≤1/7000	—	1	2	$24\sqrt{n}$	≤1/5000

注：n 为测站数。

2. 导线边长测量

根据测量仪器的不同，图根导线测量可分为光电测距图根导线测量和钢尺量距图根导线测量。使用检定过的光电测距仪测量边长时，要同时观测竖角，供倾斜改正之用，或采用全站仪在测取导线转折角的同时测取导线边的边长。光电测距图根导线测量的主要技术要求如表 10.3 所示。

表 10.3 光电测距图根导线测量的主要技术要求

比例尺	附合导线长度/m	平均边长/m	导线相对闭合差	测回数 DJ6	方位角闭合差/(″)	测距	
						仪器类型	方法与测回数
1:500	900	80					
1:1000	1800	150	≤1/4000	1	≤±$40\sqrt{n}$	Ⅱ级	单程观测 1
1:2000	3000	250					

注：n 为测站数。

若用钢尺丈量,钢尺必须经过检定。当尺长改正数较大时,应该进行尺长改正;当量距时平均尺温与检定时温度相差±10 ℃时,应进行温度改正;当尺面倾斜大于1.5%时,应进行倾斜改正。对于一、二、三级导线而言,应按钢尺精密测距的方法进行。对于图根导线而言,用一般方法往返丈量或同一方向丈量两次,取其平均值作为观测成果,并要求其相对误差不大于1/3000。钢尺量矩图根导线测量的主要技术要求如表10.4所示。

表10.4 钢尺量距图根导线测量的主要技术要求

比例尺	附合导线长度/m	平均边长/m	导线相对闭合差	测回数 DJ6	方位角闭合差 /(″)
1:500	500	75	≤1/2000	1	≤±$60\sqrt{n}$
1:1000	1000	120			
1:2000	2000	200			

注:n为测站数。

3. 导线转折角测量

一般情况下,在附合导线中,测量导线的左转折角即位于导线前进方向左侧的角。在闭合导线中均测量内角,若闭合导线按逆时针方向编号时,内角就是其左转折角。对于支导线而言,应分别观测导线间的左角和右角,以增加检核条件。

图根导线一般用 DJ_6 级光学经纬仪观测一个测回,若盘左、盘右测得的角值的较差不超过40″,则取其平均值作为最后的观测值。

4. 联测

为了提高观测精度,应使导线与已知控制点联测,在图10.3中,必须观测连接角 β_0 来推算导线各边的坐标方位角;在图10.4中,必须观测连接角 β_1 和 β_5 来推算导线各边的坐标方位角。若附近无已知控制点,可用罗盘仪施测导线起始边的磁方位角,并假定起始点的坐标为起算数据。

三、图根导线测量的内业计算

导线测量利用已知点坐标和已知坐标方位角作为起始数据,观测角度和边长,从而推算各导线点的平面直角坐标。对于图根导线测量而言,其内业计算的基本思路是将平差处理后的角度误差和边长误差进行改正,在满足相应等级的技术要求下,推算出各待定导线点的平面直角坐标。

1. 闭合导线坐标计算

计算闭合导线坐标之前,应按规范技术要求对导线测量外业成果进行检验,确保起算数据和观测成果准确无误。绘制导线略图,如图10.8所示,将各项数据标注于图上的相应位置,开始计算闭合导线的坐标。

(1) 填写起算数据及观测数据。

图10.8中,已知1号点的坐标(x_1,y_1)和12边的坐标方位角α_{12},设导线的前进方向为1→2→3→4→1,则图中观测的导线内角为左转折角。将检核过的外业观测数据及起算数据填入"闭合导线坐标计算表"(见表10.5)中,起算数据用下画线标明。

项目 10 房地产控制测量

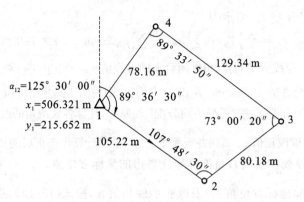

图 10.8 闭合导线略图

表 10.5 闭合导线坐标计算表(使用计算器计算)

点号	观测角 (左角)	改正数	改正角	坐标 方位角	距离 /m	坐标增量		改正后的坐标增量		坐标值		点号
						Δx/m	Δy/m	$\hat{\Delta x}$/m	$\hat{\Delta y}$/m	$\hat{x}$/m	$\hat{y}$/m	
1	2	3	4	5	6	7	8	9	10	11	12	13
1										506.321	215.652	1
				125°30′00″	105.22	−2 −61.10	+2 +85.66	−61.12	+85.68			
2	107°48′30″	+13″	107°48′43″							445.20	301.33	2
				53°18′43″	80.18	−2 +47.90	+2 +64.30	−47.88	+64.32			
3	73°00′20″	+12″	73°00′32″							493.08	365.64	3
				306°19′15″	129.34	−3 +76.61	+2 −104.21	+76.58	−104.19			
4	89°33′50″	+12″	89°34′02″							569.66	261.46	4
				215°53′17″	78.16	−2 −63.32	+1 −45.82	−63.34	−45.81			
1	89°36′30″	+13″	89°36′43″							506.321	215.652	1
				125°30′00″								
2												
总和	359°59′10″	+50″			392.90	+0.09	−0.07	0.00	0.00			
辅助计算	$\sum\beta_{理} = 359°59′10″$ $\sum\beta_{理} = 360°$ $f_\beta = \sum\beta_{测} - \sum\beta_{理} = -50″$ $f_{\beta允} = \pm 60″\sqrt{n} = \pm 120″$			$f_x = \sum\Delta x_{测} = 0.09$ m, $f_y = \sum\Delta y_{测} = -0.07$ m 导线全长闭合差 $f = \sqrt{f_x^2 + f_y^2} = 0.11$ m 导线相对闭合差 $K = \dfrac{1}{\sum D/f} \approx \dfrac{1}{3500}$ 允许相对闭合差 $K_允 = \dfrac{1}{2000}$								

(2)角度闭合差的计算与调整。

根据平面几何原理,n 边形的内角和应为 $(n-2)\times 180°$。设 n 边形闭合导线的各内角分别为 $\beta_1,\beta_2,\cdots,\beta_n$,则其内角和的理论值为

$$\sum\beta_{理} = (n-2)\times 180° \tag{10-10}$$

由于观测角度会不可避免地含有误差,这就使得实测的内角之和 $\sum\beta_{测}$ 不等于内角和的理

论值,从而产生角度闭合差 f_β,表示为

$$f_\beta = \sum \beta_{测} - \sum \beta_{理} = \sum \beta_{测} - (n-2) \times 180° \tag{10-11}$$

对于图根光电测距导线测量而言,角度闭合差的容许值 $f_{\beta容} = \pm 40''\sqrt{n}$;对于图根钢尺量距导线测量而言,角度闭合差的允许值 $f_{\beta允} = \pm 60''\sqrt{n}$。若 $f_\beta > f_{\beta容}$,则说明所测角度不符合要求,应返工重测。若 $f_\beta \leqslant f_{\beta允}$,则可将角度闭合差 f_β 按"反号平均分配"的原则,计算各观测角的改正数 v_β,其角度改正数为 $v_\beta = -f_\beta/n$;再将角度改正值 v_β 加到各观测角 β_i 上,最终计算出改正后的角值 $\hat{\beta}_i$,即 $\hat{\beta}_i = \beta_i + v_\beta$。

(3) 用改正后的导线左角或右角推算导线各边的坐标方位角。

根据起始边的已知坐标方位角 α_{12} 及改正后的角值 $\hat{\beta}_i$,按式(10-12)、式(10-13)推算其他各导线边的坐标方位角。

$$\alpha_{n,n+1} = \alpha_{n-1,n} + \hat{\beta}_{左} - 180° \text{（所测角为左角）} \tag{10-12}$$

$$\alpha_{n,n+1} = \alpha_{n-1,n} - \hat{\beta}_{右} + 180° \text{（所测角为右角）} \tag{10-13}$$

图 10.8 示例中观测值为左角,按式(10-12)推算导线各边的坐标方位角,若 $\alpha_{n,n+1} > 360°$,则应减去 360°,反之则加上 360°。

(4) 坐标增量的计算及其闭合差的调整。

按式(10-6)计算出导线各边的两端点间的纵横坐标增量 Δx 及 Δy,并填入表 10.5 的第 7、8 两栏中。如:

$$\Delta x_{12} = D_{12}\cos\alpha_{12} = -61.10 \text{ m}, \quad \Delta y_{12} = D_{12}\sin\alpha_{12} = 85.66 \text{ m}$$

从图 10.9 可以看出,闭合导线纵坐标、横坐标增量代数和的理论值应分别为零,即

$$\sum \Delta x_{理} = 0 \tag{10-14}$$

$$\sum \Delta y_{理} = 0 \tag{10-15}$$

实际上,由于测边的误差和角度闭合差调整后的残余误差的存在,往往会使 $\sum \Delta x_{测}$、$\sum \Delta y_{测}$ 不等于零(见图 10.10),而产生纵坐标增量闭合差 f_x 与横坐标增量闭合差 f_y,即

$$f_x = \sum \Delta x_{测} - \sum \Delta x_{理} = \sum \Delta x_{测} \tag{10-16}$$

$$f_y = \sum \Delta y_{测} - \sum \Delta y_{理} = \sum \Delta y_{测} \tag{10-17}$$

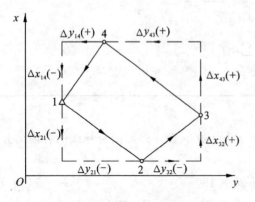

图 10.9　闭合导线坐标增量理论闭合差

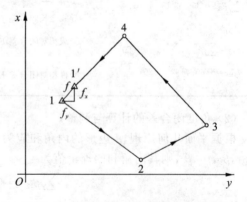

图 10.10　闭合导线坐标增量实测闭合差

从图 10.10 中明显看出，由于 f_x、f_y 的存在，使导线不能闭合，点 1 到点 $1'$ 的长度 f_D 称为**导线全长闭合差**，并用式(10-18)计算。

$$f_D = \sqrt{f_x^2 + f_y^2} \tag{10-18}$$

一般将 f_D 与导线全长 $\sum D$ 相比，用相对误差 k 来表示导线测量的精度水平，即

$$K = \frac{f_D}{\sum D} = \frac{1}{\dfrac{\sum D}{f_D}} \tag{10-19}$$

以导线全长相对闭合差 K 来衡量导线测量的精度，K 的分母越大，导线测量精度越高。对于光电测距导线测量而言，其导线全长相对闭合差的允许值 $K_允 = 1/4000$；对于钢尺量距导线测量而言，其 $K_允 = 1/2000$。

若 $K \leqslant K_允$，则对闭合差进行分配调整，即将 f_x、f_y 反其符号按边长成正比的原则计算导线各边的纵坐标、横坐标增量改正数，然后相应加到导线各边的纵坐标、横坐标增量中，求得各边改正后的坐标增量。以 v_{xi}、v_{yi} 分别表示第 i 边的纵坐标、横坐标增量改正数，则有

$$v_{xi} = -\frac{f_x}{\sum D} \cdot D_i \tag{10-20}$$

$$v_{yi} = -\frac{f_y}{\sum D} \cdot D_i \tag{10-21}$$

纵坐标、横坐标增量改正数之和应满足式(10-22)

$$\sum v_{xi} = -f_x \tag{10-22}$$

$$\sum v_{yi} = -f_y \tag{10-23}$$

将计算出的各导线边长纵坐标、横坐标增量的改正数（取位到厘米）填入表 10.5 中的第 7、8 两栏增量计算值的上方（如 -2、$+2$ 等）。

纵坐标、横坐标增量的改正数加上导线各边纵坐标、横坐标增量值，即得导线各边改正后的纵坐标、横坐标增量，并填入表 10.5 中的第 9、10 两栏。例如

$$\Delta \hat{x}_{12} = \Delta x_{12} + v_{x12} = -61.12 \text{ m}, \quad \Delta \hat{y}_{12} = \Delta y_{12} + v_{y12} = 85.68 \text{ m}$$

改正后的导线纵坐标、横坐标增量之代数和应分别为零，以做计算校核。

(5) 计算导线各点的坐标。

根据起算点 1 的坐标（本例为：$x_1 = 506.321$ m，$y_1 = 215.652$ m）及改正后的纵坐标、横坐标增量，用式(10-24)、式(10-25)依次推算点 2、点 3、点 4 的坐标

$$\hat{x}_{n+1} = \hat{x}_n + \Delta \hat{x}_改 \tag{10-24}$$

$$\hat{y}_{n+1} = \hat{y}_n + \Delta \hat{y}_改 \tag{10-25}$$

将算得的坐标值填入表 10.5 中的第 11、12 两栏。

最后还应推算起点 1 的坐标，其值应与原有的数值相等，以做校核。

2. 附合导线内业计算

附合导线的内业计算与闭合导线基本相同，但由于导线布设形式的不同，角度闭合差 f_β 与

纵坐标、横坐标增量闭合差 f_x、f_y 的计算有所差异。

(1) 角度闭合差的计算。

图 10.11 为某附合导线略图，附合导线的角度闭合差是指坐标方位角的闭合差，根据起始边 BA 的已知坐标方位角 α_{BA} 及所观测的左转折角 β_A、β_1、β_2、β_3、β_4 和 β_C，可以依次推算出导线各边直至终边 CD 的坐标方位角。设推算出的 CD 边的坐标方位角为 α'_{CD}，则角度闭合差 f_β 的计算式为

$$f_\beta = \alpha'_{CD} - \alpha_{CD} = \sum \beta_i - n \times 180° - (\alpha_{CD} - \alpha_{BA}) \tag{10-26}$$

角度闭合差 f_β 的调整计算同闭合导线内业计算方法相同，即角度闭合差 f_β 按"反号平均分配"的原则，计算出各观测角的改正数 $v_\beta = -f_\beta/n$；然后将 v_β 加到各观测角 β_i 上，最终计算出改正后的角值 $\hat{\beta}_i$，即 $\hat{\beta}_i = \beta_i + v_\beta$。

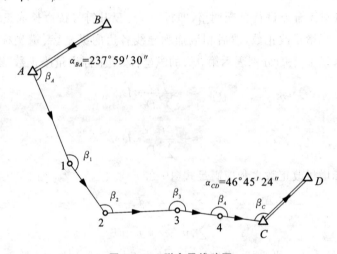

图 10.11 附合导线略图

(2) 坐标增量闭合差的计算。

附合导线各导线边的纵坐标、横坐标增量的代数和理论值应分别等于终、始两点的纵、横已知平面坐标值之差，即

$$\sum \Delta x_{理} = x_C - x_A \tag{10-27}$$

$$\sum \Delta y_{理} = y_C - y_A \tag{10-28}$$

根据实测边长计算出的导线各边纵坐标、横坐标增量之和分别为 $\Delta x_{测}$ 和 $\Delta y_{测}$，则纵坐标、横坐标增量闭合差 f_x、f_y 按式(10-29)、式(10-30)计算。

$$f_x = \sum \Delta x_{测} - \sum \Delta x_{理} = \sum \Delta x_{测} - (x_C - x_A) \tag{10-29}$$

$$f_y = \sum \Delta y_{测} - \sum \Delta y_{理} = \sum \Delta y_{测} - (y_C - y_A) \tag{10-30}$$

附合导线的导线全长闭合差 f_D、全长相对闭合差 K 和允许相对闭合差 $K_允$ 的计算，以及纵坐标、横坐标增量闭合差 f_x、f_y 的调整，与闭合导线内业计算方法完全相同。附合导线内业计算的结果，如表 10.6 所示的算例。

项目 10 房地产控制测量

表 10.6 附合导线坐标计算表(使用计算器计算)

点号	观测角（左角）	改正数	改正角	坐标方位角	距离/m	坐标增量 Δx/m	坐标增量 Δy/m	改正后的坐标增量 $\Delta \hat{x}$/m	改正后的坐标增量 $\Delta \hat{y}$/m	坐标值 $\hat{x}$/m	坐标值 $\hat{y}$/m	点号
1	2	3	4	5	6	7	8	9	10	11	12	13
B				237°59′30″								
A	99°01′00″	+6″	99°01′06″			+5	+4			2507.69	1215.63	A
				157°00′36″	225.85	−207.91	+88.21	−207.86	+88.17			
1	167°45′36″	+6″	167°45′42″			+3	−3			2299.83	1303.80	1
				144°46′18″	139.03	−113.57	+80.20	−113.54	+80.17			
2	123°11′24″	+6″	123°11′30″			+3	−3			2186.29	1383.97	2
				87°57′48″	172.57	+6.13	+172.46	+6.16	+172.43			
3	189°20′36″	+6″	189°20′42″			+2	−2			2192.45	1556.40	3
				97°18′30″	100.07	−12.73	+99.26	−12.71	+99.24			
4	179°59′18″	+6″	179°59′24″			+2	−2			2179.74	1655.64	4
				97°17′54″	102.48	−13.02	+101.65	−13.00	+101.63			
C	129°27′24″	+6″	129°27′30″							2166.74	1757.27	C
D				46°45′24″								
总和	888°45′18″	+36″	888°45′54″		740.00	−341.10	+541.78	−340.85	+541.64			

辅助计算：

$\alpha'_{CD} = 46°44′48″$

$\alpha_{CD} = 46°45′24″$

$f_\beta = \alpha'_{CD} - \alpha_{CD} = +24″$

$f_{\beta允} = \pm 60″\sqrt{n} = \pm 147″$

$f_x = \sum \Delta x_{测} - (x_C - x_A) = -0.15 \text{ m}, f_y = \sum \Delta y_{测} - (y_C - y_A) = +0.14 \text{ m}$

导线全长闭合差 $f = \sqrt{f_x^2 + f_y^2} = 0.20 \text{ m}$

导线相对闭合差 $K = \dfrac{1}{\sum D/f} \approx \dfrac{1}{3700}$

允许相对闭合差 $K_允 = \dfrac{1}{2000}$

3. 支导线的内业计算

支导线的内业计算与闭合导线的计算原理基本相同，计算时直接利用外业观测的角度及边长进行导线边的坐标方位角的推算和导线边坐标增量的计算，然后根据起始点坐标，依次推算支导线点的平面坐标。以图 10.5 为例，其计算步骤如下：

(1) 设直线 $C'C$ 的坐标方位角为 $\alpha_{C'C}$，按式(10-4)计算各导线边的坐标方位角；

(2) 由各边的坐标方位角和边长，按式(10-7)计算各相邻导线点的纵坐标、横坐标增量；

(3) 依据 C 点的平面坐标，按式(10-6)或式(10-8)依次推算 P_2、P_3 各导线点的坐标。

任务 4 高程控制测量

高程控制测量的方法主要有水准测量和三角高程测量，用于测定各等级水准点和平面控制点的高程。高程控制测量按用途可分为国家高程控制测量、城市高程控制测量和工程高程控制测量。国家水准网分为一、二、三、四等,城市水准测量分为二、三、四等及用于地形测量的图根水准测量。我国现采用的高程系统为1985国家高程基准,城市和工程的高程控制测量均应采用国家高程系统。

高程控制网的建立主要用水准测量方法(前面已经论述,本节不做复述),但在地面高低起伏较大的地区,如山区、丘陵或不便于用水准测量测定地面点的高程时,常常采用三角高程测量的方法布设高程控制网。

一、三角高程测量的基本原理

三角高程测量的基本思想是根据三角原理,利用两点的水平距离和竖直角计算两点之间的高差。如图 10.12 所示,设 A 点为已知高程点,记为 H_A,待定点 B 的高程记为 H_B。为测定 B 点高程,首先在 A 点安置经纬仪,在 B 点竖立标杆,用望远镜中丝瞄准标杆的顶点 M,测得竖直角 α,并量出标杆高 v 及仪器高 i;然后根据 AB 两点间的平距 D,即可算出 AB 两点间的高差

$$h = D \cdot \tan\alpha + i - v \tag{10-31}$$

B 点的高程可以表示为

$$H_B = H_A + h = H_A + D \cdot \tan\alpha + i - v \tag{10-32}$$

当两点的距离大于 300 m 时,求解 B 点的高程(式 10-2)时应考虑地球曲率和大气折光对高差的影响。通常将影响值 f 称为**两差改正**,记为 $0.43\dfrac{D^2}{R}$,其中 D 为两点间的水平距离,R 为地球平均曲率半径。为消除地球曲率和大气折光的影响,一般采用往返观测方法进行三角高程测量,通常将由 A(为已知高程点)向 B(为未知点)观测称为**直觇**;反之,则称为**反觇**。这样的对向观测法(或称双向观测法)要求三角高程测量对向观测所求得的高差较差不应大于 $0.1D$(D 为平距,以 km 为单位),那么可取两次高差的平均值作为两点之间的高差。

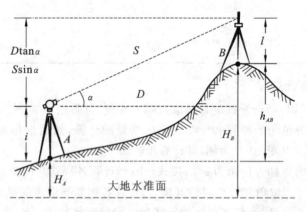

图 10.12 三角高程测量

二、三角高程测量的观测和计算

三角高程测量的观测及计算步骤如下。

(1)在测站上安置经纬仪或全站仪,量取仪器高 i;在目标点上安置觇牌或反光棱镜,量取觇牌高 v。两次测量较差不超过 1 cm 时,取其平均值作为最终的高度值(取至厘米位),结果记入表 10.7 中。

项目 10
房地产控制测量

表 10.7　三角高程测量观测数据与计算

起算点	A		B	
待定点	B		C	
往返测	往	返	往	返
斜距 S	593.391	593.400	491.360	491.301
竖角角 α	$+11°32'49''$	$-11°33'06''$	$+6°41'48''$	$-6°42'04''$
$S\sin\alpha$	118.780	-118.829	57.299	-57.330
仪器高 i	1.440	1.491	1.491	1.502
觇牌高 v	1.502	1.400	1.522	1.441
两差改正 f	0.022	0.022	0.016	0.016
单向高差 h	$+118.740$	-118.716	$+57.284$	-57.253
往返平均高差 $\bar{h}$	$+118.728$		$+57.268$	

(2) 用望远镜中丝瞄准目标,调整竖盘水准管气泡居中,快速读取竖盘读数。盘左、盘右观测记为一个测回,将竖直角的计算结果记入表 10.8 中。有关竖直角观测的测回数及限差如表 10.8 所示。

表 10.8　竖直角观测测回数及限差

等级	一、二级小三角		一、二、三级导线		图根控制
仪器	DJ_2	DJ_6	DJ_2	DJ_6	DJ_6
测回数	2	4	1	2	1
各测回竖角指标差互差	$15''$	$25''$	$15''$	$25''$	$25''$

(3) 高差及高程的计算。三角高程测量测定平面控制点的高程时,应组成闭合或附合的三角高程路线,且各边均进行对向观测。闭合环线或附合路线的高程闭合差的限值为

$$f_{h允}=\pm 0.05\sqrt{D^2}\ \text{m}$$

式中,D 为各边的水平距离,单位为 km。

当 $f_h \leqslant f_{h允}$ 时,按边长成正比例的原则,将 f_h 反符号分配于各高差之中。利用改正后的高差,由起始点的高程依次计算出各待求点的高程。

项目 11

房地产调查

房地产调查是房屋和房屋用地有关信息采集的重要手段,也是房地产测绘的主要任务之一。房地产调查的目的就是通过实地详细调查,查清测区范围内所有房屋及其用地的位置、权属、权界、数量和利用现状等基本信息,获得真实、可靠的第一手资料。这些资料既是测绘和编制房地产图必不可少的基础资料,也是房地产档案的重要组成部分。

通过房地产调查的目的可以看出,其工作内容丰富多样,工作强度较大,工作性质非常特殊,同时,房地产调查对准确性、技术性的要求也非常高。房地产调查成果资料的质量直接影响房地产簿册和图件内容的准确性,对房地产登记和管理工作会产生决定性的影响,因此,在房地产调查过程中必须周密计划,严格执行规范标准,认真、负责地做好调查工作。

任务 1 房地产调查概述

一、房地产调查基本内容

房地产调查分为房屋调查和房屋用地调查两种。

房屋一般指上有屋顶、周围有墙,能防风避雨、御寒保温,供人们在其中工作、生活、学习、娱乐和储藏物资,并具有固定基础,层高一般在 2.2 米以上的永久性场所。另外,根据某些地方的生活习惯,可供人们常年居住的窑洞、竹楼等也应包括在内。住宅是专为满足人们居住用途而建成的房屋,是房屋的一种。

一般情况下,房地产有建筑物与构筑物之分。广义的建筑物是指人工建筑而成的所有东西,既包括房屋,又包括构筑物;狭义的建筑物是指人们能够在内进行生产生活活动的房屋,不包括构筑物。所谓构筑物,就是指不具备、不包含或不能为人类提供居住功能的人工建筑物,例如水塔、水池、过滤池、澄清池、沼气池等。需要说明的是,这个定义不是绝对的,一些特殊建筑既可以被认为是建筑物,也可以被认为是构筑物。

房地产调查的基本内容包括以下几个方面:

(1)房地产坐落调查;

(2) 房屋用地权界调查；

(3) 房地产权界状况调查；

(4) 房地产权属状况调查；

(5) 房屋状况调查；

(6) 地理名称和行政境界调查。

二、房地产调查的方法

房地产调查是一项极其细致而又严肃的工作。在进行房地产调查前，调查员应熟练掌握房地产法规、政策、办法，了解调查程序，并接受专门的培训学习，同时要对已有的各种资料进行分析研究，充分利用现有的地形图、地籍图、航测相片等有关资料。

房地产调查分为初始测量调查和变更测量调查两种。

1. 初始测量调查

(1) 收集房地产开发商提供的各种房地产基本资料和变更资料，以及各幢楼的备案、自留、回迁部位及其数量等资料。

(2) 请房地产登记主管部门协助调查楼盘的图号、街路号、丘号等房地产测量信息。

2. 变更测量调查

(1) 在进行变更测量调查前，要对照产籍档案资料审阅房地产权属单元的有关权属文件，明确其权属是否合法、属实。若资料不全，应及时通知权利人补充有关权属证明文件。

(2) 深入现场直接进行调查核实。现场调查的原则包括4个方面：一是调查员不许将房地产产权产籍资料原件带至现场；二是调查员应携带调查表、卡、册实地填写签字；三是调查员应会同房地产各方权利人代表共同到现场指界认定，如一方因故不能到场，应按法律程序完善委托代理手续；四是调查员应在现场如实记录调查情况，并经各方签字画押，一经签字即具有法律效力。

三、房屋类别、结构、用途的分类

1. 房屋类别

根据产权占有和管理不同，房屋可划分为两级。

一级共8类，包括国有房产、集体所有房产、私有房产、联营企业房产、股份制企业房产、港澳台投资房产、涉外房产，以及其他房产。

二级共4类，包括直管产，自管产，军产和部分产权。

2. 房屋结构

房屋建筑结构简称房屋结构。建筑物与建筑物中由承重构件组成的体系称为结构，如基础、墙、梁、柱、屋架、支撑等。

3. 房屋用途

房屋用途指房屋目前的实际用途，可分为两级。

一级共8类，包括住宅、工业交通仓储、商业服务、教育医疗科研、文化娱乐体育、办公、军事，以及其他用途。

二级共 28 类,包括成套、非成套住宅,集体宿舍,工业设施,公用设施,铁路,民航,公交运输,道路,仓储,商业服务,经营旅游,金融保险,电信信息,教育,医疗,科研,文化,新闻,娱乐,园林绿化,体育,办公,军事,涉外,宗教,监狱等。

四、房屋用地单元的划分及编号

房屋用地单元的调查与测绘是以丘为基本单元进行的,房屋的调查与测绘则以幢为单元分户进行。

1. 丘与丘号

丘是指地表上一块有界空间的地块。一个地块只属于一个产权单元时,该地块称为独立丘;一个地块属于几个产权单元时,该地块称为组合丘。一般将一个单位、一个门牌号或一处院落划分为独立丘,当用地单位混杂或用地单元面积太小时,可划分为组合丘。

丘的划分:一般有固定界标的按固定界标划分,没有固定界标的按自然接线划分,但不用穿越行政界线。

丘号是指用地界线封闭的地块的代号。原则上,一户房屋的所有权人使用用地范围独立的一个丘号。丘号以图幅为单位,从北至南、从西至东用数字 1,2… 按反 S 形顺序编号,并按市、市辖区(县)、房产区、房产分区、丘实行五级编号,格式如下:

市代码 ＋ 市辖区(县)代码 ＋ 房产区代码 ＋ 房产分区代码 ＋ 丘号
(2 位)　　(2 位)　　　　(2 位)　　　　(2 位)　　　　(4 位)
(01~99) (01~99)　　 (01~99)　　 (01~99)　　 (0001~9999)

对于组合丘内各用地单元而言,以丘号加支号编写,丘号在前,支号在后,中间用短线连接,这种编号方式称为丘支号,如 0001-1 表示第 0001 号丘内的第一户房屋所有权。

2. 幢与幢号

幢是指一座独立的、包括不同结构和不同层次的房屋。同一结构互相毗连的成片房屋,可按街道门牌号适当分幢。一幢房屋有不同层次的,中间一般用虚线分开。

幢号以丘为单位,自进大门起,从左到右、从前到后用数字 1,2… 按 S 形编号。幢号应标注在房屋轮廓线内的左下角,并加括号。

任务 2　房屋用地调查

房屋用地调查是以丘为单位进行的,需要调查用地的各种信息和基本情况,并填写房屋用地调查表格,绘制相应的略图等。

一、房屋用地调查内容

1. 坐落

房屋用地坐落由地名办统一命名的行政区划名称、自然街道名称和门牌号组成。房屋用地坐落在小的里弄、胡同和小巷时,应加注附近主要街道名称;缺门牌号时,应借用毗连房屋门牌号并加注东、南、西、北方位。房屋用地坐落在两个以上街道或有两个以上门牌号时,应全部注明。

2. 产权性质

《中华人民共和国土地管理法》规定,城市市区的土地属国家所有;农村和城市郊区的土地,除由法律规定属于国家所有以外,其余属集体所有。土地的所有制性质不受土地使用权人性质和土地上附着物产权性质的限制。

在填写房屋用地产权性质时,根据相应材料只能填写国有或集体所有两类。集体所有的还应注明土地所有单位的全称。

3. 产权主

产权主是指房屋用地的产权主的姓名或单位名称。

4. 土地等级

房屋用地的等级按照当地有关部门制定的土地等级标准执行。土地等级是按照土地的不同用途和质量优劣进行评定的。划分土地等级是制定土地使用费标准的前提条件。土地等级评定以后不是一成不变的,应随着城市建设的发展每隔一定时期进行一定的调整。

5. 税费

税费是指用地人每年向土地管理部门或税务部门缴纳的费用。国务院1951年8月颁布的《城市房地产税暂行条例》规定了征收房地产税的方法和纳税标准。该条例规定:房地产税由产权所有人交纳,产权出典者,由承典人交纳;产权所有人、承典人均不在当地,或产权未确定、租典纠纷未解决者均由代管人或使用人代为交纳。

1986年9月15日,国务院正式发布了《中华人民共和国房产税暂行条例》,2011年1月8日根据《国务院关于废止和修改部分行政法规的决定》进行了修订。

6. 使用人

使用人是指房屋用地使用权人姓名或单位名称。使用人的所有制性质按照房屋所有人性质填写。

7. 所有制性质

用地人的所有制性质按照房屋所有人所有性质填写,分为国有、集体、个人。

8. 用地来源

用地来源也称用地渊源,是指取得土地使用权的方式、时间及数量,权源方式有转让、出让、征用、划拨、继承、自建、翻建、收购、受赠、交换等。如果用地来源有两种以上,应全部注明。时间以获得土地使用权正式文件的日期为准,数量以文件中规定范围内的面积为准。

9. 用地用途分类

房屋用地用途按二级分类,一级共10类,二级共24类,具体内容可查房屋用地用途分类标准(见表11.1)。

表 11.1 房屋用地用途分类标准

一级分类		二级分类		含 义
编号	名称	编号	名称	
10	商业、金融业用地			指商业服务业、旅游业、金融保险业等用地
		11	商业服务业	指各种商店、公司、修理服务部、生产资料供应站、饭店、旅社、对外经营的食堂、文印誊写社、报刊门市部、蔬菜购销转运站等用地
		12	旅游业	指主要为旅游业服务的宾馆、饭店、大厦、乐园、俱乐部、旅行社、旅游商店、友谊商店等用地
		13	金融保险业	指银行、储蓄所、信用社、信托公司、证券交易所、保险公司等用地
20	工业、仓储用地			指工业用地、仓储用地
		21	工业	指独立设置的工厂、车间、手工业作坊、建筑安装的生产场地、排渣(灰)场地等用地
		22	仓储	指国家、省(自治区、直辖市)及地方的储备、中转、外贸、供应等各种仓库、油库、材料堆场及附属设备等用地
30	市政用地			指市政公用设施、绿化用地
		31	市政公用设施	指自来水厂、泵站、污水处理厂、变电所(站)、煤气站、供热中心、环卫所、公共厕所、火葬场、消防队、邮电局(所)及各种管线工程专用地段等用地
		32	绿化	指公园、动植物园、陵园、风景名胜、防护林、水源保护林及其他公共绿地等用地
40	公共建筑用地			指文化、教育、娱乐、机关、宣传、科研、设计、教育、医卫等用地
		41	文、体、娱	指文化馆、博物馆、图书馆、展览馆、纪念馆、体育场馆、俱乐部、影剧院、游乐场、文化体育团体等用地
		42	机关、宣传	指党政事业机关及共、青、妇等群众组织驻地、广播电台、电视台、出版社、报社、杂志社等用地
		43	科研、设计	指科研、设计机构用地,如科研院(所)、设计院及其实验室、试验场所等用地
		44	教育	指大专院校、中等专业学校、职业学校、干校、党校、中小学校、幼儿园、托儿所、业余进修院(校)、工读学校等用地
		45	医卫	指医院、门诊部、保健院(所、站)、疗养院(所)、救护站、血站、卫生院、防治所、检疫站、防疫站、医学化验、药品检验等用地
50	住宅用地			指供居住的各类房屋用地
60	交通用地			指铁路、民用机场、港口码头及其他交通用地
		61	铁路	指铁路线路及场站、地铁入口等用地
		62	民用机场	指民用机场及其附属设施用地
		63	港口码头	指专供客、货运船舶停靠的场所用地
		64	其他交通	指车站(场)、广场、公路、街、巷、小区内的道路等用地

续表

一级分类		二级分类		含义
编号	名称	编号	名称	
70	特殊用地			指军事设施、涉外、宗教、监狱等用地
		71	军事设施	指军事设施用地,包括部队机关、营房、军用工厂、仓库和其他军事设施等用地
		72	涉外	指外国使领馆、驻华办事处等用地
		73	宗教	指专门从事宗教活动的庙宇、教堂等宗教用地
		74	监狱	指监狱用地,包括监狱、看守所、劳改场(所)等用地
80	水域用地			指河流、湖泊、水库、坑塘、沟渠、防洪堤等用地
90	农用地			指水田、菜地、旱地、园地等用地
		91	水田	指筑有田埂(坎),可以经常蓄水,用于种植水稻等水生作物的耕地
		92	菜地	指以种植蔬菜为主的耕地,包括温室、塑料大棚等用地
		93	旱地	指水田、菜地以外的耕地,包括水浇地和一般旱地等
		94	园地	指种植以采集果、叶、根、茎等为主的多年生木本和草本作物,覆盖度大于50%或每亩株数大于合理株数70%的土地,包括果树苗圃等用地
100	其他用地			指各种未利用土地、空闲地等其他用地

10. 四至

房屋用地四至是指用地范围与四邻接壤的情况,一般按照东、南、西、北四个方向注明邻接丘号或街道名称。与之相邻的是房屋用地时,需调查其权利人名称及其主要情况。

11. 界标

界标是指房屋用地范围权属界址线的界址标志,包括道路、河流等自然界线,房屋墙体、围墙、栅栏等围护物以及界碑、界桩等埋石标志。

由于围护物一般也占有部分面积,在调查界址线时,一定要确定界址线与界标的位置关系。如围墙根据所有权不同可分为自有墙、共有墙、借墙3种,如图11.1所示。

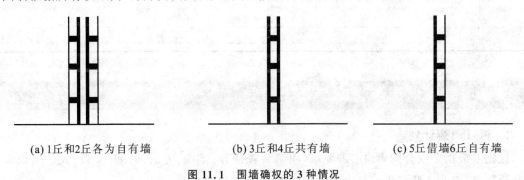

(a) 1丘和2丘各为自有墙　　(b) 3丘和4丘共有墙　　(c) 5丘借墙6丘自有墙

图11.1　围墙确权的3种情况

12. 用地面积

调查房屋用地面积时,应根据用地单位合法取得土地使用权的文件或已进行过房屋用地登记的产权产籍档案资料进行调查。

13. 用地略图

房屋用地略图是以用地单元为单位绘制的略图,表示房屋用地位置、四至关系、用地界线、共用院落的界线以及界标类别和归属,并注记房屋用地界线边长。房屋用地界线是指房屋用地范围的界线,包括共用院落的界线,由产权人指界与临户认证来确定,提供不出证据或有争议的应根据实际使用范围标出争议部位,按未定界处理。

调查完成后,将以上房屋用地调查内容按照实际情况填写在房屋用地调查表(见表11.2)的相应位置。

表 11.2 房屋用地调查表

市区名称或代码_____ 房产区号_____ 房产分区号_____ 丘号_____ 序号_____

坐落		区(县)		街道(镇)		胡同(街巷)		号	电话			邮政编码		
产权性质			产权主				土地等级			税费			附加说明	
使用人			住址							所有制性质				
用地来源										用地用途分类				
用地状况	四至	东		南		西	北	界标		东	南	西	北	
	面积/m²	合计用地面积			房屋占地面积			院地面积			分摊面积			
用地略图														
										调查者:		年 月 日		

二、房屋用地调查程序

1. 拟订调查计划

根据上级指令或合同协议书的要求,明确调查任务、范围、方法、时间、步骤、人员组织以及经费预算,组织专业队伍进行技术培训与试点。

2. 物资准备

检校仪器,准备绘图工具,印制统一的调查表格和簿册,准备生活交通工具和劳保用品等。

3. 资料收集、分析处理

收集调查范围内相关的地形图、地籍图、房屋用地的土地所有权证明材料以及相关的文件、文字材料等,对收集的资料进行分析处理,确定实地调查的技术方案。

4. 调查区域划分

对于城市而言,街道办事处管辖范围内,可以以马路、街、巷为界适当地划分成若干街坊作为调查小区;对于县城或建制镇而言,由于其范围较小,可以直接以街道办事处或居委会的管辖范围作为调查小区,即使当范围较大时也可根据实际情况进一步把街道范围划小;对于村庄和矿区而言,可以将村庄或矿区作为调查小区。

5. 发放调查通知书

实地调查前,要向房屋用地的使用者或所有者发放通知书,同时对其四至发出指界通知,按照工作计划,分区分片通知,并要求房屋用地的所有者或使用者及其四至的合法指界人按时到达现场。

6. 实地调查

根据资料收集、分析和处理的情况,按照工作计划实地调查,现场确定界标、四至,填写调查表,绘制略图。

7. 资料整理

在资料收集、分析、处理和实地调查的基础上,编制房屋用地调查表,建立房屋用地调查档案。

任务 3 房屋调查

房屋是人们进行生产、生活、办公、学习的重要场所,也是房地产调查的重要内容。房屋应具备门、窗、顶盖及围护设施。房屋调查包括调查房屋的坐落、产权人、产权性质、产别、层数、所在层次、建筑结构、建成年份、用途、占地面积、建筑面积、分摊面积、墙体归属、权源、产权纠纷和他项权利等基本情况,并要绘制房屋权界线示意图。

一、房屋调查内容

1. 坐落

房屋坐落调查与房屋用地坐落调查相同,即调查房屋所在地地名、门牌号。同一处房屋坐落有新旧门牌号的,应全部注明;同一幢房屋有两个以上街道门牌号的,应全部注明;房屋坐落没有门牌号的,借用毗连房屋门牌号并加注东、西、南、北方位,也可用小区名称加第几幢来表示。多元产权房屋还应按实际占有的建筑部分,依次调查单元号、层次和户号。

2. 产权主

产权是指房屋所有者对财产的占有、使用、收益和处分,并排除他人干涉的权利。

产权主即房屋产权人,它是指依法享有房屋所有权和该房屋占用范围内的土地使用权、房地产他项权利的法人、其他组织或自然人。

调查房屋产权人一般应与有关房地产产籍资料所记载的依法建设或取得房屋所有权的法人、其他组织或自然人的名称或姓名保持一致,法人和其他组织名称按其法定名称完整注记且不得简写,自然人用身份证件上的名称注记。

有产权证的私人所有房屋,按照产权证上产权人姓名记录;产权人死亡的,应注明代理人名称;产权共有的,应注明全体共有人姓名;房屋是典当的,应注明典当人姓名及典当情况;产权人已死亡又无代理人的,产权归属不清或无主的,以已亡、不清、无主进行注记。没有产权证的私有房屋,其产权人应为依法建房或取得房屋的户主,并应调查未办理产权证的原因。

单位所有的房屋,应注明具有法人资格的所有权单位的全称,不具备法人资格的单位不能作为房屋的所有权人。主管部门作为所有权人,但房产为其下属单位实际使用的房屋,除注记主管部门全称外,还应注明实际使用房屋的单位全称。两个以上单位共有的房屋,所有权人应注明全体共有的单位全称。

房地产管理部门直接管理的房屋,包括公产、代管产、托管产和拨用产,产权人均应注明市(县)政府房地产管理机关的全称。其中,代管产还应注明代管及原产权人姓名;托管产还应注明托管及委托人的姓名或单位名称;拨用产还应注明拨借单位名称。

3. 用途

房屋用途是指人们利用房屋从事生产、生活及经营活动的性质。房屋用途这一要素具有很强的时间性,它必须结合调查时间使用。

房屋用途按两级分类,一级分8类,二级分28类(见表11.3)。如一幢房屋具有两种以上的用途,应分别注明,并同时划分出各用途部分房屋的面积。

表11.3 房屋用途分类

一级分类		二级分类		内 容
编号	名称	编号	名称	
10	住宅	11	成套住宅	指由若干卧室、起居室、厨房、卫生间、室内走道或客厅等组成的供一户使用的房屋
		12	非成套住宅	指人们生活居住的但不成套的房屋
		13	集体宿舍	指机关、学校、企事业单位的单身职工、学生居住的房屋。集体宿舍是住宅的一部分
20	工业交通仓储	21	工业	指独立设置的各类工厂、车间、手工作坊、发电厂等从事生产活动的房屋
		22	公用设施	指自来水、泵站、污水处理、变电、煤气、供热、垃圾处理、环卫、公厕、殡葬、消防等市政公用的房屋
		23	铁路	指铁路系统从事铁路运输的房屋
		24	民航	指民航系统从事民航运输的房屋
		25	航运	指航运系统从事水路运输的房屋
		26	公交运输	指公路运输、公共交通系统从事客、货运输、装卸、搬运所用的房屋
		27	仓储	指用于储备、中转、外贸、供应等各种仓库、油库用房

续表

一级分类		二级分类		内容
编号	名称	编号	名称	
30	商业金融信息	31	商业服务	指各类商店、门市部、饮食店、粮油店、菜场、理发店、照相馆、浴室、旅社、招待所等从事商业和为居民生活服务所用的房屋
		32	经营	指各种开发、装饰、中介公司等从事各类经营业务活动所用的房屋
		33	旅游	指宾馆、饭店、大厦、乐园、俱乐部、旅行社等主要从事旅游服务所用的房屋
		34	金融保险	指银行、储蓄所、信用社、信托公司、证券公司、保险公司等从事金融服务所用的房屋
		35	电讯信息	指各种邮电和电信部门、信息产业部门,从事电信与信息工作所用的房屋
40	教育医疗卫生科研	41	教育	指大专院校、中等专业学校、中学、小学、幼儿园、托儿所、职业学院、业余学校、干校、党校、进修学校、工读学校、电视大学等从事教育所用的房屋
		42	医疗卫生	指各类医院、门诊部、卫生所(站)、检(防)疫站、保健院(站)、疗养院、医学化验、药品检验等医疗卫生机构从事医疗、保健、防疫、检验所用的房屋
		43	科研	指各类从事自然科学、社会科学等研究设计、开发所用的房屋
50	文化娱乐体育	51	文化	指文化馆、图书馆、展览馆、博物馆、纪念馆等从事文化活动所用的房屋
		52	新闻	指广播电视台、电台、出版社、报社、杂志社、通讯社、记者站等从事新闻出版所用的房屋
		53	娱乐	指电影院、游乐场、俱乐部、剧团等从事文娱演出所用的房屋
		54	园林文化	指公园、动物园、植物园、陵园、苗圃、花圃、花园、风景名胜、防护林等所用的房屋
		55	体育	指体育场馆、游泳池、射击场、跳伞塔等从事体育活动所用的房屋
60	办公	61	办公	指党政机关、群众团体、行政事业单位等所用的房屋
70	军事	71	军事	指中国人民解放军军事机关、营房、阵地、基地、机场、码头、工厂、学校等所用的房屋
80	其他	81	涉外	指外国使、领馆、驻华办事处等涉外所用的房屋
		82	宗教	指寺庙、教堂等从事宗教活动所用的房屋
		83	监狱	监狱、看守所、劳改场(所)等所用的房屋

4. 产别

房屋产别是指根据房屋产权占有和管理不同而划分的类别。

我国城镇房屋产别按两级分类,即一级8类和二级11类(见表11.4)。城镇以外的工矿企事业单位及其毗连的居民点也按此标准进行房屋产别分类。

表 11.4　房屋产别分类标准

一级分类		二级分类		内　容
编号	名称	编号	名称	
10	国有房产			指国家所有的房产,包括由政府接管、国家经租、收购、新建以及由国有单位用自筹资金建设或购买的房产
		11	直管产	指由政府接管、国家经租、收购、新建、扩建的房产(房屋所有权已正式划拨给单位的除外),大多数由政府房地产管理部门直接管理、出租、维修,少部分免租拨借给单位使用
		12	自管产	指国家划拨给全民所有制单位所有以及全民所有制单位自筹资金购建的房产
		13	军产	指中国人民解放军部队所有的房产,包括由国家划拨的房产、利用军费开支或军队自筹资金购建的房产
20	集体所有房产			指城市集体所有制单位所有的房产,即集体所有制单位投资建造、购买的房产
30	私有房产			指私人所有的房产,包括中国公民、港澳台胞、海外侨胞,在华外国侨民、外国人所投资建造、购买的房产,以及中国公民投资的私营企业(私营独资企业、私营合伙企业和私营有限责任公司)所投资建造、购买的房产
		31	部分产权	指按照房改政策,职工个人以标准价购买的住房,拥有部分产权
40	联营企业房产			指不同所有制性质的单位之间共同组成新的法人型经济实体所投资建造、购买的房产
50	股份制企业房产			指股份制企业所投资建造购买的房产
60	港澳台投资房产			指港、澳、台地区投资者以合资、合作或独资在大陆创办的企业所投资建造或购买的房产
70	涉外房产			指中外合资经营企业、中外合作经营企业和外资企业、外国政府、社会团体、国际性机构所投资建造或购买的房产
80	其他房产			凡不属于以上各类别的房屋都归为其他房产,包括因所有权人不明,由政府房地产管理部门、全民所有制单位、军队代为管理的房屋以及宗教用房等

5. 幢号

幢是房屋的计量单位,指一座独立的、包括不同结构和不同层次的房屋。

1) 幢的划分

(1) 房屋建成后又扩建、修建,其扩修部位无论其结构与原房屋结构是否相同,只要形成整体的,仍作为一幢。

(2) 紧密相连的房屋,可作为一幢。

(3) 多功能的综合楼,其主楼和裙楼合为一幢。

(4) 房屋间以过道或通廊相连的,可独立分幢,过道或通廊为房屋的共有、共用设施处理。

2)幢的编号

幢号编立以丘为单位进行。自进大门(主门牌号处)起,从左到右、从前到后用数字 1,2…按 S 形编号。幢号注记在房屋轮廓线内的左下角,并加括号。

每幢永久性的合法房屋均应编号。在一丘内,各房屋的编号是唯一的。

6. 权号

在一丘内对房屋编号时,还必须记录其产权人,并在图中加编房产权号。

(1) 在他人用地范围内所建的房屋,应在幢号后面加编房产权号,房产权号用标识符 A 表示。

(2) 房屋共有权号:多户共有的房屋,在幢号后面加编共有权号,共有权号用标识符 B 表示。

(3) 房屋所有权的他项权利:在编号后加编 C 表示房产典当权;在编号后加编 D 表示房产抵押权。

7. 户号

户指房屋各权属单元的权界线所围城的范围。分户房屋权界线应以产权来源为依据。有合法协议约定的,以协议为准。成套房屋的分户权界线取分隔墙中线。

各单元各层内,应从左至右依次编立户号。

8. 总层数

房屋的总层数是指房屋的自然层数和地下层数的总和,房屋的假层、夹层、插层、阁楼、装饰性塔楼,以及凸出层的楼梯间、水箱间、电梯房等不计层数。

9. 建筑结构

房屋的建筑结构是指根据房屋的梁、柱、墙等主要承重构件的建筑材料划分的类别。

确定房屋的建筑结构及其分类的基本目的是区别和反映房屋建筑的质量等级,通常按照其承重体系所采用的建筑材料而划分建筑结构的类别,如表 11.5 所示。一幢房屋有两种以上建筑结构时,应以面积大的为准。

表 11.5 建筑结构分类标准

结构分类			内 容
代号	缩写	名称	
1	钢	钢结构	承重的主要构件是用钢材料建造的,包括悬索结构
2	钢、钢混	钢、钢筋混凝土结构	承重的主要构件是用钢、钢筋混凝土建造的,如一幢房屋一部分用钢、钢筋混凝土构架建造
3	钢混	钢筋混凝土结构	承重的主要构件是用钢筋混凝土建造的,包括薄壳结构、大模板现浇结构及使用滑模、升板等建造的钢筋混凝土结构的建筑物
4	混合	混合结构	承重的主要构件是用钢筋混凝土和砖木建造,如一幢房屋的梁是用钢筋混凝土制成,以砖墙为承重墙,或者梁是木材建造,柱是用钢筋混凝土建造的
5	砖木	砖木结构	承重的主要购件是用砖、木材建造的,如一幢房屋是木制房架、砖墙、木柱建造的
6	其他	其他结构	凡不属于上述结构的房屋都归入此类,如竹结构、砖拱结构、窑洞等

10. 建成年份

房屋建成年份是指实际竣工年份。拆除翻建的房屋,建成年份应以翻建竣工年份为准,建成年份仅用数字填表即可。一幢房屋有两个以上的建成年份,应分别注明。

调查房屋建成年份,不应用建成年代或时期取代。只有当调查较古老房屋建筑的具体年份确有困难时,方可按建成年代或建成时期或地方上的习惯方法调查填表,但这种情况是少数的。

11. 占地面积

房屋占地面积指该幢房屋在规划设计中相关主管部门批准的定位红线内的面积,它是城市规划及产权产籍管理中确定房屋是否合法的一项重要指标。它应从房屋批建资料中收集获得。

房屋实际占地面积一般按底层外墙勒脚计算,以丘为单位进行测算,包括房屋占地、庭院占地、分摊面积占地、室外楼梯占地和其他地类占地,其准确值在房屋面积测算过程中才能获得。

12. 使用面积

所谓房屋使用面积,是指建筑物各层平面中直接为生产或生活使用的净面积之和。计算房屋使用面积,可以比较直观地反映住宅的使用状况,但在房屋买卖中一般不采用使用面积来计算价格的方法。

13. 建筑面积

房屋的建筑面积是指房屋外墙勒脚以上的外围水平投影面积,包括阳台、挑廊、室外楼梯等。

14. 墙体归属

房屋墙体是房屋的主要结构,严格地讲,墙体和其他结构本身是整栋房屋所公共的。墙体归属主要是指墙体投影面积的产权归属,其产权归属涉及产权人的权利与权力范围。调查房屋墙体归属,是定界确权和测绘房地产分丘图、分户图的重要依据。

墙体归属根据具体情况可分为自有墙、共有墙和借墙三种。墙体归属调查时,依据相应的产权产籍资料,由毗邻各权利人共同确定,并及时在权界示意图中加以记录表示。如果产权产籍资料及权利人双方对某一界墙的归属存在争议时,应及时做好协调工作,并在主管部门的指导下尽量对争议部位的权属依法加以明确。

15. 产权来源

房屋产权来源是指产权人取得房屋产权的时间和方式,如继承、分家析产、买受、受赠、交换、自建、翻建、征用、收购、调拨、价拨、拨用、购房等方式取得的房屋所有权。产权来源有两种以上的,应全部注明。

16. 权界线示意图

房屋权界线示意图是以权属单元为单位绘制的略图,表示房屋及其相关位置、权界线,共有共用房屋权界线,以及与邻户相连墙体的归属,并注明房屋边长。对于有争议的权属界线而言,应在权界线示意图中注明。

17. 产权纠纷

房屋产权纠纷在私人之间、单位之间、私人与单位之间都有可能存在。当争议难以确认时,应及时做好协调工作,并在主管部门的指导下尽量对争议部位的权属加以明确;无法解决的,要对产权不清或有争议的部分进行记录。

18. 他项权利

他项权利是由权利人与产权人依照法律、合同、契约或其他合法行为的形式设定的权利,在民法上属于物权,如典当权、抵押权、地上权等。

典当权俗称"典当",也称为"活卖",是房屋产权人将其房地产以商定的典价典给承典人,承典人取得使用房屋的权利。

抵押权是指房屋产权人为清偿自身或他人债务,通过事先约定将自己所有的房地产作为担保物,抵押给抵押权人的权力。

当房屋所有权发生他项权利,调查时应根据产权产籍资料记载事实结合实际情况加以记录。

调查完成后,将以上房屋调查内容按照实际情况填写在房屋调查表(见表11.6)的相应位置。

表11.6 房屋调查表

市区名称或代码		房产区号		房产分区号			丘号		序号	
坐落	区(县)		街道(镇)		胡同(街巷)		号		邮政编码	
产权主				住址						
用途						产别			电话	

房屋状况	幢号	权号	房号	总层数	所在层数	建筑结构	建成年份	占地面积/m²	使用面积/m²	建筑面积/m²	墙体归属				产权来源
											东	南	西	北	

房屋权界线示意图		附加说明	
		调查意见	

调查者:　　　　年　月　日

二、房屋调查程序

房屋调查程序与房屋用地调查的程序类似,基本包括以下几个方面:
(1) 拟订调查计划;
(2) 物资准备;
(3) 资料收集、分析和处理;
(4) 街道、街坊划分;
(5) 发放通知书;
(6) 实地调查;
(7) 资料整理。

项目 12 房地产图测绘

房地产图测绘是房地产产权、产籍管理的重要组成部分,并且随着测绘技术的不断发展,房地产图测绘也发生了较大改变,由以往的纸质图纸、聚酯薄膜图纸等逐渐演化为电子地图、数字化图纸、地理信息系统等。

房地产图测绘一般都需要先进行房地产控制测量、房地产调查,然后对房屋和土地的现状进行细部测量,包括测定房屋平面位置、绘制房产分幅图;测定房屋四至归属及丈量房屋边长、计算面积,绘制房产分丘图;测定权属单元产权面积,绘制房地产分层分户图。

任务 1 地形图的比例尺

一、地形图比例尺的概念

图上一段直线的长度与地面上相应线段的实地水平长度之比,称为该图的比例尺。

二、比例尺的表示方法

比例尺的表示方法分为数字比例尺和图示比例尺两种。

1. 数字比例尺

数字比例尺是用分子为1,分母为整数的分数表示。设图上一段直线长度为d,相应实地的水平长度为D,则该图的比例尺为

$$\frac{d}{D} = \frac{1}{M} \tag{12-1}$$

式中,M为比例尺分母。

比例尺的大小是根据分数值来确定的,M越小,此分数值越大,则比例尺越大。

数字比例尺也可以写成1:500或1:1000等。按照地形图图式规定,比例尺书写在图幅下方正中处,如图12.1所示。

2. 图示比例尺

为了用图方便,以及减弱由于图纸伸缩而引起的误差,在绘制地形图时,常在图上绘制图示比例尺(也叫直线比例尺)。

项目 12 房地产图测绘

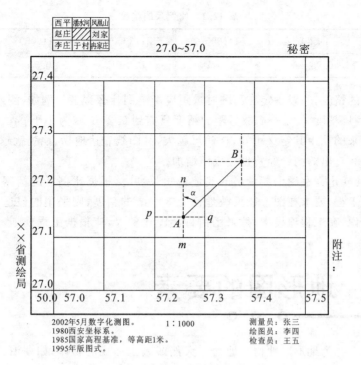

图 12.1　地形图内外图廓示意图

图示比例尺是根据数字比例尺绘制而成。例如绘制比例尺为 1∶500 的直线比例尺时,先在图上绘制两条平行线,再把它分成若干相等的线段(称为比例尺的基本单位),一般为 2 cm,则每一基本单位所代表的实地长度为 2 cm×500＝10 m。将左端的一段基本单位又分成十等分,每等分的长度相当于实地 1 m。如图 12.2 所示。

图示比例尺标注在图纸的下方,便于用分规直接在图上量取直线段的水平距离。

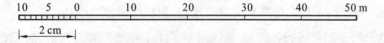

图 12.2　1∶500 图示比例尺

三、明确地形图比例尺的分类

通常将 1∶500、1∶1000、1∶2000、1∶5000、1∶10000 比例尺的地形图称为大比例尺图;1∶25000、1∶50000、1∶100000 比例尺的地形图称为中小比例尺图;1∶200000、1∶500000、1∶1000000 比例尺的地形图称为小比例尺图。

建筑类各专业通常使用大比例尺地形图。

四、了解比例尺的精度

一般认为,人的肉眼能分辨的图上最小距离是 0.1 mm,因此通常把图上 0.1 mm 所表示的实地水平长度,称为比例尺的精度。各种大比例尺地形图的精度如表 12.1 所示。

房地产测量

表 12.1 比例尺的精度

比例尺	1∶500	1∶1000	1∶2000	1∶5000	1∶10000
比例尺精度	0.05 m	0.1 m	0.2 m	0.5 m	1 m

根据比例尺的精度,可以确定在测图时量距应准确到什么程度。例如,测绘1∶2000比例尺地形图时,其比例尺精度为0.1 m,故量距的精度只需到0.2 m,因为小于0.2 m的距离在地形图上是表示不出来的。由其定义可知,比例尺越大,其图纸表达地物、地貌就越详细、精确,但相应的测绘工作量和支出的测绘经费也会成倍增加。

另外,当设计规定需在图上能量出的实地最短长度时,根据比例尺的精度可以确定测图比例尺。例如某项工程,要求在图上能反映地面上30 cm的精度,则采用的最适合的比例尺应为1∶2000。也就是说,在工程建设中,欲采用何种测图比例尺,应根据工程规划、施工实际需要的精度而定。

任务 2 地形图的要素

地物和地貌总称为地形。地物是地面上天然或人工形成的物体,如湖泊、河流、房屋、道路等。地貌是指高低起伏、倾斜缓急的地表状态,如山地、盆地、峭壁和悬崖等。

地形图描述的内容主要是地物和地貌,必须用国家规定的地形图图示符号和注记来表示。规定的符号和注记构成了地形图的基本要素,借助于这些要素便可以认识地球表面的自然形态与特征,了解本地区地物与地貌的相互位置关系及地理概况。

要掌握地形图的基本构成,就要了解地形图图廓外的信息,熟悉图示符号,掌握地物、地貌等要素的表达方法。

地形图的要素可分为图廓外注记的基本要素和图廓内的地形要素。图廓外的要素主要包括图名、图号、接图表等,图廓内的要素主要是地物、地貌等图示符号。

一、了解图廓外注记的基本要素

图12.1为某地马家河村地形图的内、外图廓示意图。地形图图廓外的要素信息主要包括以下几项。

1. 图名、图号和接图表

每一幅地形图都编有图号和图名,以便区别各幅地形图所在的位置和拼接关系。

图号、图名注记在北图廓上方的中央,如图12.1所示。图号是根据统一的分幅进行编号的,图名是用本图内最著名的地名、最大的村庄或突出的地物、地貌等的名称来命名的。

画有该幅图四邻各图号(或图名)的略图,称为接图表。中间一格画有斜线的代表本图幅,四邻分别注明相应的图号(或图名)。接图表在图的北图廓左上方,其作用是便于查找到相邻的图幅和图纸的拼接。

2. 测图比例尺与比例尺精度

地形图上一段直线的长度与地面上相应线段的实际水平长度之比,称为地形图的比例尺。比例尺一般注记在图的南图廓下方的中央,有数字比例尺和直线比例尺两类。

在工程建设中,通常使用的是1:5000、1:2000、1:1000和1:500这四种大比例尺地形图,此类地形图一般只标注数字比例尺。

数字比例尺取分子为1,分母为整数的分数表达。设图上某一直线长度为d,相应的实地水平距离为D,则该图的比例尺为$\frac{d}{D}=\frac{1}{M}$,其中,M为比例尺的分母。该比例尺也可写成1:M,M越大,分数值越小,则比例尺越小。图12.1的比例尺为1:1000。

比例尺的具体内容详见本项目任务1。

3. 平面坐标系统和高程系统

在图的南图廓外左下方,有一系列的文字说明,如图12.1所示。

第一行是本幅图的测图日期、测图方法;第二行是本幅图平面坐标系统;第三行是本幅图的高程系统和等高距;第四行为本幅图的图式版本。

对于大比例尺地形图而言,通常采用国家统一的高斯平面坐标系,如1954北京坐标系或1980西安坐标系。图12.1采用的是1980西安坐标系。

城市地形图采用的以通过城市中心的某一子午线为中央子午线的任意带的高斯平面坐标系,称为城市独立平面坐标系。

当工程建设范围比较小时,也可采用把测区作为平面看待的假定平面直角坐标系。

高程系统一般使用1956年黄海高程系或1985国家高程基准。

4. 测图单位及人员

测图单位标注在西图廓的下方,测量人员标注在图廓外的右下端,有时还要确定图纸的保密等级,如图12.1所示。

二、了解内图廓的地形要素

地形图用国家规定的地形图图示符号和注记来表示地物和地貌。这些规定的符号和注记构成了地形图的地形要素,借助于这些要素便可以认识地球表面的自然形态与特征,了解本地区地物与地貌的相互位置关系及地理概况。

1. 地物符号

地物是地面上天然或人工形成的物体,如湖泊、河流、房屋、道路等。地物符号有下列几种。

(1) 比例符号。

有些地物的轮廓较大,它们的形状和大小可以按测图比例尺缩小,并用规定的符号绘在图纸上,这种符号称为比例符号,如房屋、麦田和湖泊等。

(2) 非比例符号。

有些地物轮廓较小,其形状和大小无法按比例绘到图上,则不考虑其实际大小,而采用规定的符号表示,这种符号称为非比例符号,如三角点、水准点、独立树和里程碑等。

非比例符号不仅其形状和大小不按比例绘出,而且符号的中心位置与该地物实地的中心位置关系,也随各种不同的地物而异。测图和用图时应注意下列几点:

① 规则的几何图形符号,如圆形、正方形、三角形等,以图形几何中心点为实地地物的中心位置;

② 底部为直角形的符号,如独立树、路标等,以符号的直角顶点为实地地物的中心位置;

③ 宽底符号,如烟囱、岗亭等,以符号底部中心为实地地物的中心位置;

④ 几种图形组合符号,如路灯、消火栓等,以符号下方图形的几何中心为实地地物的中心

位置;

⑤下方无底线的符号,如山洞、窑洞等,以符号下方两端点连线的中心为实地地物的中心位置。

注意:各种符号均按直立方向描绘,即与南图廓垂直。

(3) 半比例符号(线形符号)。

对于一些带状延伸地物(如道路、通讯线、管道、垣栅等)而言,其长度可按比例尺缩绘,而宽度无法按比例尺表示的符号称为半比例符号。这种符号的中心线,一般表示该地物在实地的中心位置,但是城墙和垣栅等,地物中心位置在其符号的底线上。

(4) 地物注记。

对地物加以说明的文字、数字或特有符号,称为地物注记。

2. 地貌符号

地貌是地球表面上高低起伏的各种形态的总称,是地形图上最主要的要素之一。地表起伏变化的形状,常分为平坦地、丘陵地、山地、高山地等几类。在地形图上,表示地貌的方法很多,常用的表示方法为等高线法。对于等高线不能表示或不能单独表示的地貌而言,通常用地貌符号和必要的地貌注记来表示。

1) 等高线、等高距和等高线平距

(1) 等高线。

一定区域范围内的地面上高程相等的相邻点所连成的封闭曲线称为等高线。

事实上,等高线为一组高度不同的空间平面曲线,地形图上表示的仅是它们在投影面上的投影。在没有特别指明时,通常将地形图上的等高线投影简称为等高线,如图 12.3 所示。

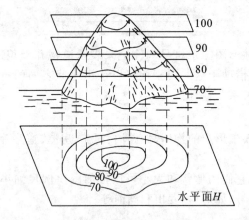

图 12.3 等高线表示地貌

(2) 等高距。

地形图上相邻两高程不同的等高线之间的高差,称为等高距,用 h 表示。

等高距越小,图上等高线越密,地貌显示越详细,但图面的清晰程度相应较低,且测绘工作量大大增加;反之,等高距越大,图上等高线越稀疏,地貌显示就越粗略。

在测绘地形图时,等高距的选择必须根据地形高低起伏程度、测图比例尺的大小和使用地形图的目的等因素来决定。对于同一幅地形图而言,其等高距是相等的,因此地形图的等高距也称为基本等高距。

测图比例尺和地面的坡度关系对基本等高距有不同的要求,如表 12.2 所示。

项目 12
房地产图测绘

表 12.2 大比例尺地形图的基本等高距

地形类别与地面倾角		比例尺			
		1∶500	1∶1000	1∶2000	1∶5000
平地	α<3°	0.5	0.5	1	2
山地	3°≤α<10°	0.5	1	2	5
山地	10°≤α<25°	1	1	2	5
高山地	α≥25°	1	2	2	5

(3) 等高线平距。

地形图上相邻等高线间的水平距离,称为等高线平距。由于同一地形图上的等高距相同,故等高线平距的大小与地面坡度的陡缓有直接关系。等高线平距越小,地面坡度越陡;等高线平距越大,地面坡度越缓;地面坡度相等,等高线平距相等。等高距 h 与等高线平距 D 的比值为地面坡度 i,即 $i=h/D$。等高线平距与地面坡度的关系如图 12.4 所示。

2) 等高线的分类

为了便于识图和用图,地形图的等高线又分为首曲线、计曲线、间曲线、助曲线四种,如图 12.5 所示。

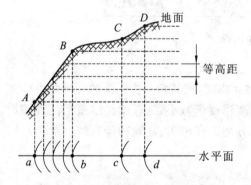

图 12.4 等高线平距与地面坡度的关系　　图 12.5 等高线的分类

(1) 首曲线。

在地形图上,按规定的等高距(即基本等高距)描绘的等高线称为首曲线,又称基本等高线。首曲线用 0.15 mm 的细实线描绘。

(2) 计曲线。

在用图时,为了方便计算高程,每隔四条基本等高线加粗描绘一根等高线,加粗描绘的这根等高线称为计曲线,也称加粗等高线。计曲线用 0.3 mm 的粗实线描绘并标上等高线的高程。

(3) 间曲线。

当用首曲线不能表示某些微型地貌而又需要表示时,可加绘按 1/2 基本等高距描绘的等高线,这根等高线称为间曲线。间曲线用 0.15 mm 的长虚线描绘。在平坦地,当首曲线间距过稀时,可加绘间曲线。间曲线可不闭合而绘至坡度变化均匀为止,但一般应对称。

(4) 助曲线。

当用间曲线还不能表示应该表示的微型地貌时,还可在间曲线的基础上再加绘按 1/4 基本等高距描绘的等高线,这根等高线称为助曲线。助曲线用 0.15 mm 的短虚线描绘。同样,助曲线可不闭合而绘至坡度变化均匀为止,但一般应对称。

3) 几种典型地貌的等高线

地球表面高低起伏的形态千变万化,但经过仔细研究分析就会发现它们是由几种典型的地貌综合而成的,主要有山头和洼地、山脊和山谷、鞍部、陡崖和悬崖等,如图 12.6 所示。

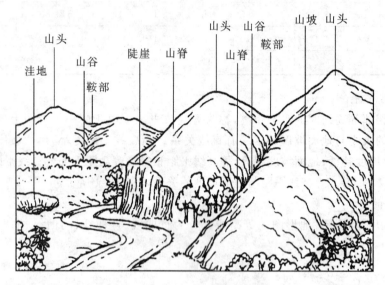

图 12.6 几种典型地貌

(1) 山头和洼地。

如图 12.6 所示,山头和洼地的等高线都是一组闭合曲线,极其相似。山头的等高线由外圈向内圈,高程逐渐增加;洼地的等高线由外圈向内圈,高程逐渐减小,这样就可以根据高程注记区分山头和洼地,也可以用示坡线来指示斜坡向下的方向。在山头、洼地的等高线上绘出示坡线,有助于地貌的识别。

(2) 山脊和山谷、鞍部。

山坡的坡度和走向发生改变时,在转折处就会出现山脊或山谷地貌,如图 12.7 所示。

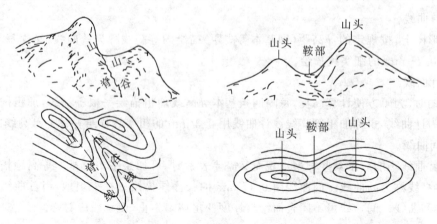

图 12.7 山脊和山谷、鞍部的等高线山脊和山谷、鞍部的等高线

山脊线是山体延伸的最高棱线,也称分水线。山脊的等高线均向下坡方向凸出,两侧基本对称。

山谷线是谷底点的连线,也称集水线。山谷的等高线均凸向高处,两侧也基本对称。

相邻两个山头之间呈马鞍形的低凹部分称为鞍部。鞍部是山区道路选线的重要位置。鞍部左右两侧的等高线是近似对称的两组山脊线和两组山谷线。

4) 等高线的特性

根据等高线表示地貌的规律性,可以归纳出等高线的特性如下:

(1) 同一条等高线上各点的高程相等;

(2) 等高线是闭合曲线,不能中断(间曲线除外),如果不在同一幅图内闭合,则必定在相邻的其他图幅内闭合;

(3) 等高线只有在陡崖或悬崖处才会重合或相交;

(4) 等高线经过山脊或山谷时改变方向,因此,山脊线与山谷线应和改变方向处的等高线的切线垂直相交;

(5) 在同一幅地形图内,基本高线距是相同的,因此,等高线平距大表示地面坡度小,等高线平距小表示地面坡度大,等高线平距相等则表示坡度相同。倾斜平面的等高线是一组间距相等且平行的直线。

任务 3 地形图的分幅与编号

为了便于地形图的测绘、使用和保管,需要将大范围内的地形图进行分幅,并将分幅的地形图进行系统的编号。地形图的分幅方法有两大类:一是按经纬线分幅的梯形分幅法,另一种是按坐标格网划分的矩形分幅法。

一、了解梯形分幅与编号方法

1. 1:1000000 比例尺图的分幅与编号

按国际上的规定,1:1000000 的世界地图实行统一的分幅和编号,方法如下。

自赤道向北或向南直至纬度 88°止,分别按纬差 4°分成横行,各行依次用大写拉丁字母 A,B,…,V 表示。以两极为中心,以纬度 88°为界的圈,则用 Z 表示。

自经度 180°开始起算,自西向东按经差 6°分成纵列,各列依次用阿拉伯数字 1,2,…,60 表示。

也就是说,一张 1:1000000 比例尺地形图是由纬差 4°的纬圈和经差 6°的子午圈所形成的梯形。每一幅图的编号由其所在的"横行纵列"的代号组成。

例如北京某地的经度为东经 118°24′20″,纬度为 39°56′30″,则其所在的 1:1000000 比例尺图的编号为 J50(见图 12.8)。

2. 1:500000 到 1:5000 比例尺图的分幅与编号

1:500000 到 1:5000 各种比例尺地形图均以 1:1000000 地形图为基础图,按相应比例尺地形图的经纬差逐次加密划分图幅(见表 12.3),以横为行,纵为列。

各大中比例尺地形图的图号均由 5 个元素 10 位码构成。从左向右,第一元素 1 位码为

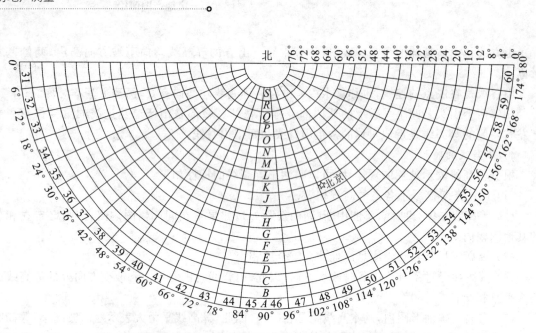

图 12.8　北半球东侧 1∶1000000 地形图的国际分幅与编号

1∶1000000 图幅行号字符码,第二元素 2 位码为 1∶1000000 图幅列号数字码,第三元素 1 位码为编号地形图相应比例尺的字符代码,第四元素 3 位码为编号地形图图幅行号数字码,第五元素 3 位码为编号地形图图幅列号数字码,各元素均连写(见图 12.9)。比例尺代码如表 12.4 所示。

如北京某地的地理坐标为(114°33′45″,39°22′30″),则该地所在 1∶100000 万地形图的图号为:J50D002002。

表 12.3　各比例尺地形图经纬差对应关系

比例尺		1∶1000000	1∶500000	1∶250000	1∶100000	1∶50000	1∶25000	1∶10000	1∶5000
图幅范围	经差	6°	3°	1°30′	30′	15′	7′30″	3′45″	1′52.5″
	纬差	4°	2°	1°	20′	10′	5′	2′30″	1′15″
行列数量关系	行数	1	2	4	12	24	48	96	192
	列数	1	2	4	12	24	48	96	192
图幅数量关系		1	4	16	144	576	2304	9216	36864

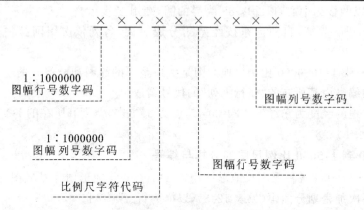

图 12.9　1∶500000～1∶5000 地形图图号的构成

表 12.4　地形图比例尺代码表

比例尺	1∶500000	1∶250000	1∶100000	1∶50000	1∶25000	1∶10000	1∶5000
代码	B	C	D	E	F	G	H

二、了解矩形分幅与编号方法

矩形分幅中,每幅地图的图廓都是一个矩形。大比例尺地形图分幅通常采用矩形分幅,并以整千米、整百米或整五十米坐标进行分幅。

当 1∶5000 地形图采用矩形分幅时,通常采用 40 cm×40 cm 正方形分幅。矩形分幅时,地形图编号一般采用图廓西南角坐标公里数编号法,也可以选用流水编号或行列编号法。例如某幅 1∶1000 比例尺地形图的西南角坐标为 $X=84500$ m,$Y=16500$ m,则该图幅编号为 84.5-16.5。

1∶500、1∶1000、1∶2000 地形图一般采用 50 cm×50 cm 正方形分幅,或 40 cm×50 cm 矩形分幅,也可以根据需要采用其他规格的任意分幅。

任务 4　地形图的识读

根据用图目的不同,识读地形图的侧重点也不同。读图时,通常从整体开始,逐步深入了解图幅内的有关情况。

一、地形图图廓外注记的识读

1. 图名

如图 12.10 所示,该图是一幅 1∶1000 地形图的图廓,图廓外有完整的注记说明。图名通常用本图内最大的城镇、村庄或明显地物、地貌的名称来表示,本图幅的图名是热电厂,图号为 10.0-21.0。

2. 接图表、保密等级

图的左上角绘有 9 个小格的接图表,中间绘斜线者为本图的位置,其他 8 个各有图名,表示与本幅图的邻接关系。图的右上角为图廓的保密等级。

3. 比例尺

图的比例尺注在图廓下方的正中央,有数字比例尺和图示比例尺两种。本幅图的比例尺为 1∶1000。

4. 图的下方注记

图的下方还注有测绘和出版时间、成图方法、坐标和高程系统、等高距以及何年出版的图式等。有的地形图图廓外还有图例、文字说明、测图单位以及三北方向线、坡度尺等,其中,坡度尺是利用相邻两条等高线之间的平距确定地面坡度的图示比例尺。

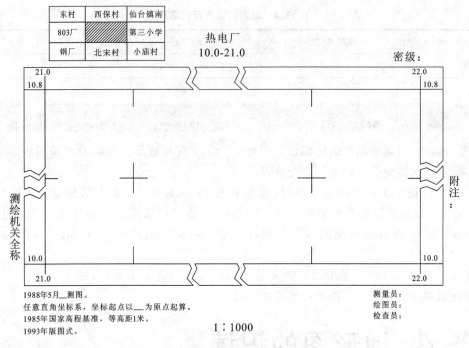

图 12.10 地形图示意图

二、图廓和坐标格网的识读

图廓分为内图廓和外图廓,内图廓是地形图的边界线,图内的地物,地貌测至该边界线为止。对于跨幅的重要地物而言,内外图幅之间应予以注明。

梯形图幅的内图廓是该幅图实地范围的经线和纬线。矩形图幅的内图廓是坐标格网线,内图廓外注有坐标值。外图廓为图幅的最外边界线,以较粗的实线表示。如图 12.10 所示。

三、地物和地貌的识读

1. 地物的识读

识读地物时,往往从图幅内比较集中的居民地开始,根据图上注记,沿着铁路、公路、河流进行,了解测区内的政治、经济、文化中心和交通枢纽等概况。对于大比例尺的地形图而言,由于地物表示的比较详尽,图幅表示的实地面积较小,识读起来容易得多。

2. 地貌的识读

识读地貌时,应先找出构成地貌总轮廓的地性线,如山脊线、山谷线、斜坡变陡变缓等,判断出地貌总的形态;然后根据等高线表示的地貌特征,判断地貌的名称,如山头、山脊、鞍部等;最后根据等高线上的注记和等高线的疏密,判断出地势的高低和地面的陡缓。

读图时,还应注意地形图的标准方向,一般上方为北,下方为南,这样即可判断出图内地物、地貌的方位。此外,由于国土开发和利用,地物、地貌会发生演变,读图时应根据实地情况判断地形图。

任务 5 地形图的基本应用

在国民经济建设和国防建设中,各项工程建设的规划、设计阶段,都需要了解工程建设地区的地形和环境条件资料,以使规划、设计符合实际情况。在通常情况下,这些资料都是以地形图的形式提供的。在工程规划、设计时,需要利用地形图进行工程建(构)筑物的平面、竖向布置的量算工作,所以地形图是制定规划、设计方案和进行工程建设的重要依据和基础资料。下面介绍地形图的基本应用。

一、在地形图上确定地面点的平面坐标

在大比例尺地形图内图廓的四角注有实地坐标值,如图 12.11 所示。如果要求图上量测 A 点的坐标,可在 A 点所处的小方格,用直线连接成小正方形 $abcd$,过 A 点作格网线的平行线,交格网边于 g、e 点,再量取 ag 和 ae 的图上长度 i、t,即可获得 A 点的坐标为

$$x_A = x_a + i \times M$$
$$y_A = y_a + t \times M$$

式中,x_a、y_a 为 A 点所在方格西南角点的坐标,M 为地形图比例尺分母。

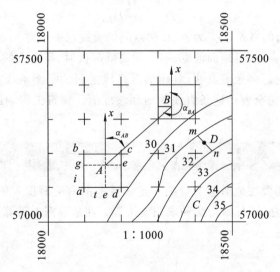

图 12.11 地形图的基本应用

二、在地形图上确定地面点的高程

1. 待求高程点在等高线上

如图 12.11 所示,C 点恰好位于某等高线上,则该点高程值与所在等高线的高程相同,即 C 点高程为 33 m。

2. 待求高程点不在等高线上

在图 12.11 中,若所求点不在等高线上,则应根据比例内插法确定该点的高程。欲求 D 点

高程,首先过 D 点作相邻两条等高线的近似公垂线,与等高线分别交于 m、n 两点,在图上量取 mn 和 mD 的长度,则 D 点高程为

$$H_D = H_m + \frac{mD}{mn} \times h_{mn}$$

式中,H_m 为 m 点的高程;h_{mn} 为 m、n 两点的高差,图中为 1 m。

三、在地形图上进行直线的水平距离、坐标方位角及坡度的计算

在地形图中,根据两点的坐标可以确定出两点之间的水平距离、坐标方位角和两点间的坡度。在图 12.11 中,要计算 A、B 两点间的水平距离,应先求出 A、B 两点的坐标值,然后按下列公式计算水平距离及坐标方位角

$$D_{AB} = \sqrt{(x_B - x_A)^2 + (y_B - y_A)^2}$$

$$\alpha_{AB} = \arctan\frac{\Delta y_{AB}}{\Delta x_{AB}} = \arctan\frac{y_B - y_A}{x_B - x_A}$$

在地形图上求得相邻两点间的水平距离和高差后,还可确定出地面直线的坡度。坡度是指直线两端点间的高差与其平距之比,用 i 表示。如图 12.11 所示,欲求 A、B 两点间的坡度,则必须先求出两点间的水平距离和高程,再根据两点间的水平距离 AB,计算两点间的平均坡度。具体计算公式为

$$i = \frac{h_{AB}}{D_{AB}} = \frac{H_B - H_A}{D_{AB}}$$

式中,h_{AB} 为 A、B 两点间的高差;D_{AB} 为 A、B 两点间的直线水平距离。

当直线跨越多条等高线,且地面坡度一致、无高低起伏时,所求出的坡度值就表示这条直线的地面坡度值;当直线跨越多条等高线,且相邻等高线之间的平距不等,即地面坡度不一致时,所求出的坡度值就不能完全表示这条直线的地面坡度值。建筑工程中的坡度一般用百分率或千分率表示,如 $i = 4\%$。

四、确定地形图上任意区域的面积

在工程建设中,常需要在地形图上量测一定区域范围内的面积。量测面积的方法较多,常用到的方法有图解几何法、坐标解析法和求积仪法等。在地形图上量算面积是地形图应用的一项重要内容。

1. 图解几何法

当所量测的图形为多边形时,可将多边形分解为几个三角形、梯形或平行四边形,如图 12.12(a)所示,用比例尺量出这些图形的边长。按几何公式算出各分块图形的面积,然后求出多边形的总面积。

当所量测的图形为曲线连接时,如图 12.12(b)所示,则先在透明纸上绘制好毫米方格网,然后将其覆盖在待量测的地形图上,数出完整方格网的个数,然后估量非整方格的面积相当于多少个整方格(一般将两个非整方格看作一个整方格计算),得到总的方格数 n;再根据比例尺确定每个方格所代表的图形面积 S,则得到区域的总面积 $S_总 = nS$。

当所量测的图形为曲线连接时,也可以采用平行线法计算曲线区域面积。如图 12.12(c)所示,将绘有间距 $d = 1$ mm 或 $d = 2$ mm 的平行线组的透明纸或透明膜片覆盖在待量测的图形上,

则所量图形面积等于若干个等高梯形的面积之和。此法可以克服方格网膜片边缘方格的凑整太多的缺点。图12.12(c)中平行虚线是梯形的中线。量测出各梯形的中线长度,则图形面积为

$$S = d_0(ab + cd + ef + \cdots + yz)$$

式中,d_0 为平行线间距。

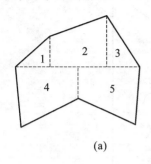 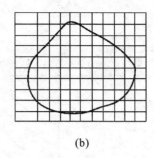 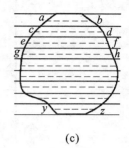

(a)　　　　　　　　　　(b)　　　　　　　　　　(c)

图 12.12　区域面积的计算

2. 坐标解析法

坐标解析法是根据已知几何图形各顶点坐标值计算面积的方法。

当图形边界为闭合多边形,且各顶点的平面坐标已经在地形图上量出或已经在实地测量时,则可以利用多边形各顶点的坐标,用坐标解析法计算出图块区域面积。

3. 求积仪法

求积仪是一种专门供图上量算面积的仪器,其优点是操作简便、速度快。求积仪法适用于任意曲线图形的面积量算,并能保证一定的精度。

五、按限制的坡度选定最短线路

在山地、丘陵地区进行道路、管线、渠道等工程设计时,都要求线路在不超过某一限制坡度的条件下,选择一条最短路线或等坡度线。

如图12.13所示,欲从低处的 A 点到高地 B 点选择一条公路线,要求其坡度不大于限制坡度 i。

设 b' 点的等高距为 h,等高线间的平距的图上值为 d,地形图的测图比例尺分母为 M,根据坡度的定义有:$i = \dfrac{h}{dM}$,由此求得:$d = \dfrac{h}{iM}$。

在图12.13中,设计用的地形图比例尺为1:1000,等高距为1 m。为了满足限制坡度不大于 $i = 3.3\%$ 的要求,根据公式可以计算出该线路经过相邻等高线之间的最小水平距离 $d = 0.03$ m,于是,在地形图上以 A 点为圆心,以 3 cm 为半径,用两脚规画弧交 54 m 等高线于点 a、a',再分别以点 a、a' 为圆心,以 3 cm 为半径画弧,交 55 m 等高线于点 b、b',依此类推,直到 B 点为止;然后连接 $A, a, b \cdots B$ 和 $A, a', b', \cdots, B$,便在图上得到符合限制坡度 $i = 3.3\%$ 的两条路线。

同时考虑其他因素,如少占农田,建筑费用最少,避开塌方或崩裂地带等,从中选取一条作为设计线路的最佳方案。

如遇等高线之间的平距大于 3 cm,以 3 cm 为半径的圆弧将不会与等高线相交,这说明坡度小于限制坡度。在这种情况下,路线方向可按最短距离绘出。

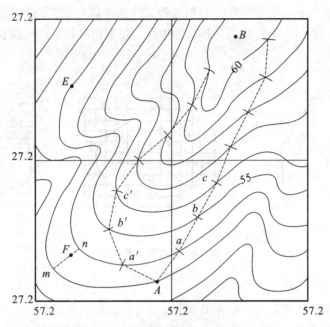

图 12.13　按限制的坡度选定最短线路

六、按一定方向绘制纵断面图

在各种线路工程设计中，为了概算填挖方量及合理地确定线路的纵坡，需要了解沿线路方向的地面起伏情况，为此，常需利用地形图绘制沿指定方向的纵断面图。

如图 12.14 所示，在地形图上作 A、B 两点的连线，AB 连线与各等高线相交，各交点的高程即为交点所在等高线的高程，而各交点的平距可在图上用比例尺量得。在毫米方格纸上画出两条相互垂直的轴线，以横轴 AB 表示平距，以垂直于横轴的纵轴表示高程，在地形图上量取 A 点至各交点及地形特征点的平距，并把它们分别转绘在横轴上，以相应的高程作为纵坐标，得到各交点在断面上的位置。连接这些点，即得到 AB 方向的断面图。为了更明显地表示地面的高低起伏情况，断面图上的高程比例尺一般比平距比例尺大 5～20 倍。

对于地形图中某些特殊点的高程量算而言，如断面过山脊、山顶或山谷处的高程变化点的高程，一般用比例内插法求得高程，然后绘制断面图。

七、确定汇水面积

修筑道路时，有时要跨越河流或山谷，就必须建桥梁或涵洞；兴修水库时，必须筑坝拦水。而桥梁、涵洞孔径的大小，水坝的设计位置与坝高，水库的蓄水量等，都要根据汇集于这个地区的水流量来确定。汇集水流量的面积称为汇水面积。

由于雨水是沿山脊线(分水线)向两侧山坡分流，所以汇水面积的边界线是由一系列的山脊线连接而成的。如图 12.15 所示，一条公路经过山谷，拟在 P 处架桥或修涵洞，其孔径大小应根据流经该处的流水量决定，而流水量又与山谷的汇水面积有关。由山脊线和公路上的线段所围成的封闭区域 ABCDEFGHI 的面积，就是这个山谷的汇水面积。量测该面积的大小，再结合气

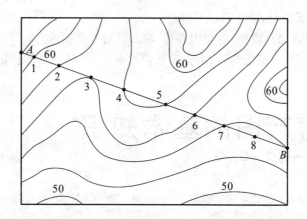

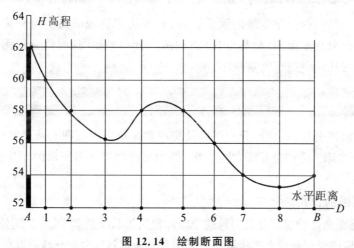

图 12.14 绘制断面图

象水文资料,便可进一步确定流经公路 P 处的水量,从而为桥梁或涵洞的孔径设计提供依据。

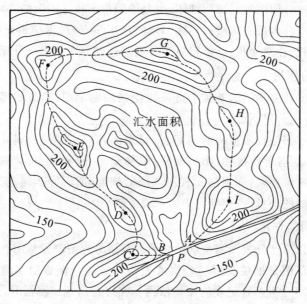

图 12.15 确定汇水面积

确定汇水面积的边界线时,应注意以下两点:

(1) 边界线(除公路段 AB 段外)应与山脊线一致,且与等高线垂直;

(2) 边界线是经过一系列的山脊线、山头和鞍部的曲线,并与河谷的指定断面(公路或水坝的中心线)闭合。

任务 6 房产图的基本知识

一、房产图的分类

房产图是房地产产权、产籍管理的重要资料,它按房产管理的需要可分为房产分幅平面图(简称分幅图)、房产分丘平面图(简称分丘图)和房产分户平面图(简称分户图)。此外,为了野外施测的需要,有时还绘制房产测量草图。

二、房产图的作用

房产分幅图、房产分丘图、房产分户图以及房产测量草图因其图上所反映的内容不同,各有侧重,因此,房产分幅图、房产分丘图、房产分户图和房产测量草图所起的作用也各不相同,下面分别说明。

1. 房产分幅图的作用

房产分幅图是全面反映房屋及其用地的位置和权属等状况的基本图,是测绘分丘图和分户图的基础资料,也是房产登记和建立产籍资料的索引和参考资料。房产分幅图以幅为单位绘制。

2. 房产分丘图的作用

房产分丘图是房产分幅图的局部明细图,也是绘制房产权证附图的基本图。

房产分丘图反映本丘内所有房屋权界线、界址点、房角点、房屋建筑面积、用地面积、四至关系、建成年份、用地面积、建筑面积、墙体归属等各项房地产要素。房产分丘图以丘为单位绘制。

3. 房产分户图的作用

房产分户图是在房产分丘图的基础上进一步绘制的明细图,以某房屋的具体权属为单元,若为多层房屋,则为分层分户图。

房产分户图是表示房屋权属范围的细部图,是根据各户房屋的权属状况,标示出各户房屋的坐落、层次、平面形状、各部位尺寸、阳台面积、墙体归属、权利状态、产权面积、共有分摊面积及其用地范围等各项房产要素;标示房屋权属范围的细部,明确异产毗连房屋的权利界线。房产分户图是房产证的附图,它以产权登记户为单位绘制。

4. 房产测量草图的作用

房产测量草图包括房产分幅图测量草图和房产分层分户图测量草图。

房产分幅图测量草图是地块、建筑物、位置关系和房地产调查的实地记录,是展绘地块界址、房屋、计算面积和填写房产登记表的原始依据。在进行房地产测量时,应根据项目的内容用铅笔绘制房产分幅图测量草图。

项目 12 房地产图测绘

房产分层分户图测量草图是产权人房屋的几何形状、边长及四至关系的实地记录,是计算房屋权属单元套内建筑面积、阳台建筑面积、共用分摊系数、分摊面积及总建筑面积的原始资料凭证。一般将房产分层分户图测量草图存入档案做永久保存。

三、房产图测绘的范围

1. 房产分幅图的测绘范围

房产分幅图的测绘范围包括城市、县城、建制镇的建成区和建成区以外的工矿、企事业等单位及其毗连居民点,应与开展城镇房屋所有权登记的范围一致。

2. 房产分丘图的测绘范围

丘是指地表上一块有界空间的地块。一个地块只属于一个产权单元时称为独立丘,一个地块属于几个产权单元时称为组合丘。丘在划分时,有固定界标的按固定界标划分,没有固定界标的按自然界线划分。

房产分丘图以房产分区为单元划分,是进行实地测绘或利用房产分幅图和房产调查表编绘而成的。

3. 房产分层分户图的测绘范围

房产分层分户图是以各户的房屋权利范围大小等为一产权单元户,即以一幢房屋和几幢房屋及一幢房屋的某一层中的某一权属单元户为单位绘制而成的。

4. 房产测量草图的测绘范围

房产测量草图的测绘范围一般包括房屋、用地草图测量,全野外数据采集测量草图和房屋分层分户草图测绘。

四、房产图的坐标系统与测图比例尺

1. 房产图的坐标系统

房产图应采用国家坐标系统或沿用该地区已有的坐标系统,地方坐标系统应尽量与国家坐标系统联测。根据测区的地理位置和平均高程,以投影长度变形角不超过 2.5 cm/km 为原则选择坐标系统。面积小于 25 km^2 的测区,可不经投影,直接采用平面直角坐标系统。房产图一般不标示高程。

2. 房产图的测图比例尺

(1) 房产分幅图的比例尺。

房产分幅图成图比例尺可分为两种:城镇建成区一般采用 1∶500 比例尺测图,远离建成区的工矿区、企事业单位及其相毗连的居民点采用 1∶1000 的比例尺测图。

(2) 房产分丘图的比例尺。

房产分丘图成图比例尺若按分幅图描绘,可依房产分幅图比例尺大小;若另外测绘,应根据丘面积的大小和需要在 1∶1000~1∶100 之间选用。

(3) 房产分户图的比例尺。

房产分户图成图比例尺一般为 1∶200,当房屋图形过大或过小时,房产分户图成图比例尺可适当放大与缩小。

(4) 房产测量草图的比例尺。

房产测量草图应选择合适的概略比例尺,使其内容清晰、易读,在内容较集中的地方可移位出局部图形。

五、房产图的分幅与编号

1. 房产分幅图的分幅与编号

《房产测量规范》规定,房产分幅图的分幅按为 50 cm×50 cm 正方形分幅。

房产分幅图的编号以高斯-克吕格坐标的整公里格网为编号区,由编号区代码加各种比例尺的分幅图代码组成,编号区的代码用该公里格网西南角的横纵坐标公里值表示。编号形式、分幅代码如图 12.16 所示。

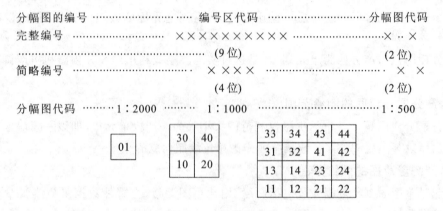

图 12.16 分幅图编号

完整编号:编号区代码由 9 位数组成,第 1、2 位数为高斯坐标投影带的带号,第 3 位数为该公里格网西南角横坐标的百公里数,第 4、5 位数为纵坐标的千公里数和百公里数,第 6、7 位和第 8、9 位数分别为横坐标和纵坐标的十公里数和整公里数。

简略编号:编号区代码由 4 位数组成,省去完整编号时,前面的 5 位数只有后 4 位,即 1、2 位和 3、4 位分别为该公里格网西南角的横坐标和纵坐标的十公里数和整公里数。

分幅图代码是区分比例尺的编号,通常用小号字。不同比例尺的分幅图代码如图 12.16 所示。例如,某个 1∶1000 的比例尺的简略图幅编号为 2110_{30},某个 1∶500 比例尺简略图幅编号为 2110_{32}。

除正方形分幅与矩形分幅等正规分幅方式和编号方式外,还有按自然街道分幅方式、流水编号方式、行列编号或其他编号方式等。按自然街道分幅方式即以街区为单位在平面图上独立表示,避免了建筑物被几幅图分割;流水编号方式一般是从左到右、从上至下用阿拉伯数字编定;行列编号方式一般由左到右为纵列,由上而下为横行,以一定代号按"先列后行"原则编定;其他编号方式中,有以图幅西南角 x、y 坐标分别除以图廓 x、y 方向的坐标差 Δx、Δy 作为图号,图号前冠以比例尺分母。

2. 房产分丘图的编号

房产分丘图是分幅图的局部图,其分幅图应与房产分幅图相同。房产分丘图的图廓位置应根据该丘所在位置确定,图廓西南角坐标值不一定是图上方格网的整倍数,图上需要注出西南角的坐标值,以公里数为单位注记小数后三位。

房产分丘图丘的编号按市、市辖(县)、房产区、房产分区、丘五级编号。房产区是以市行政建制区的街道办事处或镇(乡)的行政辖区或房地产管理部门划分的区域为基础划定,根据实际情况和需要,可以街坊为基础将房产区再划分为若干个房产分区,房产区和房产分区均以两位自然数字从01至99依序编列;当未划分房产分区时,房产区代表房产分区,相应的房产分区编号用"01"表示。编列丘号的市、市辖区(县)的代码时,一律采用《中华人民共和国行政区划代码》(GB/T 2260—1999)规定的代码。

丘的编号以房产分区为编号区,采用4位自然数字从0001至9999编列,新增丘按原编号顺序连续编立。丘的编号从南至北、从西向东,以反S形顺序编列。丘的编号格式如下:

市代码＋市辖区(县)代码＋房产区代码＋房产分区代码＋丘号
(2位)　　(2位)　　　(2位)　　　(2位)　　　(4位)

另外,在一丘内有多幢房屋和多种产权性质时,应编立幢号和房产权号。其中,幢号以丘为单位的,自进大门起,从左到右、从前到后,用数字(1,2,…,n顺序)按S形编号,幢号注记在房屋轮廓线内的左下角,并加括号表示。房产权号因产权性质不同,应分别用不同标识符号表示:在他人用地范围内所建房屋,应用幢号后加编标识符号"A";多户共有的房屋,在幢号后面加编共有权号,标识符号用"B";房屋所有权上为典权人设的权利,在幢号后面应加编典权号,用标识符号"C";在房屋所有权上为抵押权人所设定的权利,在幢号后面应加编抵押权号,用标识符号"D"。

3. 房产分户图的编号

房产分户图是在房产分丘图基础上绘制的细部图,以一户产权人为单位表示房屋权属范围的详图。房产分户图上房屋的丘号、幢号应与房产分丘图上的编号一致。若一幢房屋属多元产权时,应编列户号(户权号),编号方式以面对分层分户门从左至右顺序编号,如01、02、03、04等。如果是第N层,则户号为N01、N02、N03、N04等。

4. 房产测量草图的编号

房产测量草图应在图纸的右上方注记地号及房屋坐落,在房产分户测量草图上应注记楼房幢号及层次。

六、房产图的精度要求

1. 房产分幅图的精度要求

房产分幅图只要求图上精度,即分幅图上地物点的平面位置精度。

《房产测量规范》规定:采用模拟方法测绘的房产分幅平面图上的地物点,相对于邻近控制点的点位中误差不超过图上±0.5 mm;利用已有的地籍图、地形图编绘房产分幅图时,地物点相对于邻近控制点的点位中误差不超过图上±0.6 mm。

采用全野外采集数据或野外解析测量等方法测得的房地产要素点和地物点,相对于邻近控制点的点位中误差不超过±0.05 m;采用已有坐标或已有图件展绘成房产分幅图时,展绘中误差不超过图上±0.1 mm。

2. 房产分丘图的精度要求

房产分丘图不但要求图上地物点的平面位置精度,还要求图上实测界址点、房角点的坐标精度、图上地物点的精度是相对于邻近控制点而言的,不超过分幅图图上±0.5 mm。《房产测量规范》对图上界址点、房角点的坐标精度进行了规定:房产界址点相对于邻近控制点的点位误差和间距超过 50 m 的相邻界址点的间距误差不超过表 12.5 的规定。

表 12.5　界址点精度要求

界址点等级	限差/m	中误差/m
一	±0.04	±0.02
二	±0.10	±0.05
三	±0.20	±0.10

间距超过 50 m 的界址点间的间距误差限差不应超过下式的计算结果

$$\Delta D = \pm(m_j + 0.02 m_j D)$$

式中:m_j——相应等级界址点的点位中误差,m;

D——相邻界址点的距离,m;

ΔD——界址点坐标计算边长与实量边长较差的限差,m。

房角点的坐标精度等级和限差与界址点相同。以上精度要求也适用于房产测绘对界址点、房角点的精度要求。房产测绘与地籍测绘分开的部门,其地籍界址点的精度要求应执行《地籍测量规范》。

3. 房产分户图的精度要求

房产分户图只注重图上的描绘精度而不要求图上的点位精度,因为房产权利人只注重本户房屋与毗连的他户房屋之间的关系位置或尺寸,以及本户房屋产权面积的准确度(精度)。由于房屋产权面积都是按实量数据(边长)计算,因此房产面积的精度分为三级,其面积计算精度与边长精度有关。《房产测量规范》规定了房屋产权面积的精度要求(见表 12.6),其中,S 为房屋面积。

表 12.6　房产面积的精度要求

房产面积的精度等级	限差/m²	中误差/m²
一	$\pm 0.02\sqrt{S}+0.0006S$	$\pm 0.01\sqrt{S}+0.0003S$
二	$\pm 0.04\sqrt{S}+0.002S$	$\pm 0.02\sqrt{S}+0.001S$
三	$\pm 0.08\sqrt{S}+0.006S$	$\pm 0.04\sqrt{S}+0.003S$

七、房产图测绘内容与要求

1. 房产分幅图测绘内容与要求

房产分幅图应表示的内容包括房产要素、地物要素、数学要素 3 个方面,房产分幅图节选如图 12.17 所示。

1) *房产要素*

房产要素包括行政境界、房产区号、房产分区号、丘号、丘支号、房产权号、用地分类代码、房

项目 12
房地产图测绘

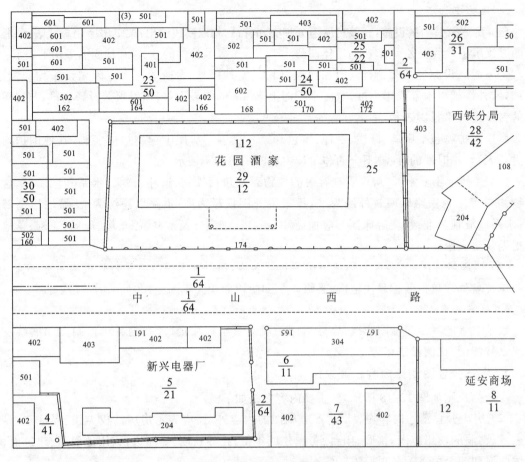

图 12.17 房产分幅图节选

屋要素等,根据调查资料以相应的数字、代码、文字和符号表示。注记过密,图上容纳不下时,除丘号、丘支号、幢号和房屋权号必须注记,门牌号可首尾两端注记、中间跳注,其他注记按上述顺序从后往前省略。

(1) 行政境界:行政境界一般只表示区、县和乡镇的境界,其他境界根据需要表示。二级境界线重合时,用高一级境界线表示;境界线与丘界线重合时,用境界线表示;境界线跨越图幅时,应在内外图廓间的界端标注出行政区划名称。

(2) 房产区号与房产分区号:房产区号和房产分区号包括房产区界线与房产分区界线。

(3) 丘号:丘号包括丘界线和丘号,以及丘的用地用途代码。丘界线不分组合丘和独立丘。权界线明确又无争议的丘界和有争议或未明确的丘界,分别用丘界线和未定丘界线表示;丘界线与房屋轮廓线重合时,用丘界线表示;丘界线与单线地物重合时,单线地物符号线划按丘界线线粗表示。

(4) 房产权号:房产权号因产权性质不同,可分别用 A、B、C、D 4 种标识符号表示,各代表不同的含义。

(5) 房屋要素:房屋要素包括幢号、产别、结构、层数、建成年份、房屋边长、阳台尺寸、房屋用途、建筑面积等。

2) 地物要素

(1) 房屋及其附属设施:一般房屋不分种类和特征,均以实线绘出;架空房屋用虚线表示;临时性的过渡房屋及活动房屋不表示;墙体凹凸小于 0.2 m 及装饰性的柱、垛和加固墙等均不表示。

房屋附属设施包括廊、阳台、门和门墩、门顶、室外楼梯、台阶等。房屋附属设施均应测绘,其中,室外楼梯以水平投影为准,宽度小于图上 1 mm 的不表示;门顶以顶盖投影为准;与房屋相连的台阶按水平投影表示,不足五阶的台阶不表示。

房屋围护物包括围墙、栅栏、栏杆、篱笆和铁丝网等。房屋围护物均应实测,其他围护物根据需要表示;临时性的、残缺不全的和单位内部的围护物不表示。

(2) 其他地物要素:与房产管理有关的地物要素包括铁路、道路、桥梁、水系和城墙等,这些地物均应表示。铁路以两轨外缘为准;桥梁以外围投影为准;道路以路缘为准;城墙以基部为准;水系以坡顶为准;水塘游泳池等应加简注;亭、塔、烟囱以及水井、停车场、球场、花圃、草地等可根据需要表示。

(3) 地理名称注记:地理名称注记包括自然名称,镇以上人民政府等行政机构名称,工矿、企事业单位名称。单位名称只注记区、县级以上和使用面积大于图上 100 cm² 的单位。

3) 数学要素

数学要素的测绘包括图廓线、坐标格网的展绘及坐标注记,埋石的各级控制点的展绘及点名或点号注记,比例尺注记等。

2. 房产分丘图测绘内容和要求

房产分丘图如图 12.18 所示,其主要内容概括如下。

(1) 房产分丘图的内容除表示房产分幅图的内容外,还应表示房屋的权界线、界址点、界址点点号、窑洞的使用范围,挑廊、阳台、房屋建成年份、丘界长度、房屋边长、用地面积、建筑面积、墙体归属和四至关系等各项房地产要素。

(2) 测绘本丘的房屋和用地界线时,应适当绘出邻丘相邻地物,并注明周邻产权单位(或人)的名称,名称注记的字头应朝北或朝西。

(3) 共有墙体以中间为界,量至墙体的 1/2 处;借墙量至墙体内侧;自有墙量至墙体外侧;窑洞使用范围量至洞壁内侧。房屋的权界线与丘界线重合时,用丘界线表示;房屋的权界线与轮廓线重合时,用房屋权界线表示。挑廊、挑阳台、架空通廊以外围投影为准,用虚线表示。

(4) 图面检查与图廓整饰。

房产分丘图的图廓位置根据该丘所有位置确定,图上需要标注出西南角的坐标值,以公里数为单位注记至小数点后三位。

(5) 用地面积测算。

① 用地面积测算的范围:用地面积测算是指丘面积的测算,以丘为单位进行,包括房屋占地面积测算、其他用途的土地面积测算、各项地类面积的测算。

② 下列土地不计入用地面积:无明确使用权属的冷巷、巷道或间隙地;市政管辖的道路、街道、巷道等公共用地;公共使用的河涌、水沟、排污沟;已征用、划拨或者属于原房地产证记载范围经规划核定需要作为市政建设用地;其他按规定不计入用地的面积。

3. 房产分户图测绘的内容和要求

房产分户图的内容包括房屋的权界线、房屋边长、墙体归属、建筑面积、分摊共用面积、楼

项目 12 房地产图测绘

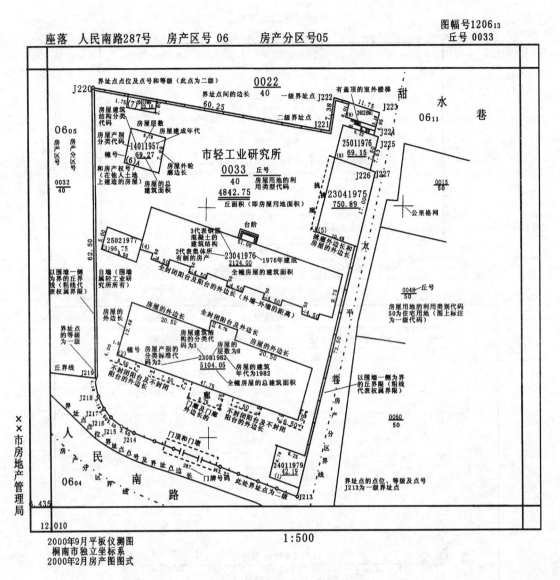

图 12.18 房产分丘图

梯、走道、地名、门牌号、图幅号、丘号、幢号、层次、室号等,房产分户图样例如图 12.19 所示。房屋边长应实量,取位注记至 0.01 m。不规则房屋边长丈量应加量辅助线,共有部位应在范围内加简注。

4. 房产分幅图测量草图的内容和要求

如图 12.20 所示,房产分幅图测量草图的内容包括:平面控制点和控制点点号,界址点和房角点,道路、水域,有关地理名称、门牌号,观测手簿中所有未记录的测定参数,为检校而量测的线长和辅助线长,测量草图的必要说明,测绘比例尺、精度等级、指北方向线,测量日期、作业员签名。

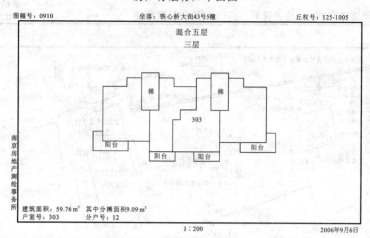

图 12.19　房产分层分户图

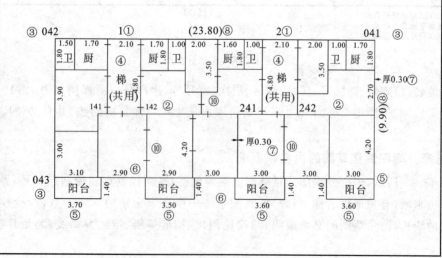

图 12.20　房产测量草图

任务 7 房产图的测绘方法

房产图的测绘方法分为传统的平板仪测量法、利用已有的地形图或地籍图编绘法、数字化测图方法,以及航空摄影测量法。测绘房产图时,可根据测区范围大小、已有测绘资料的情况、现有的测绘技术力量以及人力物力财力、委托方要求出图时间等因素,选择适宜的测绘方法。随着科技的不断发展,地面测绘成图手段不断更新,传统测绘方法逐步被现代化的数字化测图手段所取代。

一、航空摄影测量法

航空摄影测量法主要适用于大面积的地籍或房产测量工作。该方法是利用各种航测仪器量测的影像数据,采用外业相片控制测量和外业要素的调查与调绘方法,通过计算机在内业处理生成图形数据文件,并在屏幕上对照调绘片进行检查修改,从而确定地面上物体的形状、大小、空间位置及相互关系。对于影像模糊的地物及摄影后新增的地物而言,测时应到实地检查补测,待准确无误后,可通过绘图仪所需成图比例尺绘出规定规格的房产图。

由于相片能真实而详尽地记录出摄影瞬间的客观物体,其影像有良好的判读性和可以据以量测的性能,因此,航空摄影测量有着多方面的应用。

航空摄影测量的整个作业过程可以分成 3 个阶段,即航空摄影、航测外业、航测内业加密和航测内业测图。

二、编绘法

房产图可利用已有地形图和地籍图进行编绘,利用地籍图编绘是房产分幅图成图的发展方向。作为编绘的已有资料,必须符合《房产测量规范》实测图的精度要求,比例尺应等于或大于绘制图的比例尺。

根据地籍图编绘房产图时,其界址点一般只需要进行复核而不需要重新测定;图上的房屋不仅需要复核,还需要根据房产分幅图测绘的要求,增测房屋的细部和附属物,以及根据房产调查的资料增补房产要素。

编绘工作可在地形原图复制或地籍原图复制的等精度图(以下简称二底图)上进行,其图廓边长、方格尺寸与理论尺寸之差不超过表 12.7 的规定。补测应在二底图上进行,补测后的地物点精度应符合房产分幅图与房产要素测量的精度规定。补测工作结束后,将调查成果准确地转绘到二底图上。清绘整饰房产图所需的内容,并加注房产要素的编码和注记后,编成分幅图底图。

表 12.7 加密点平面和高程中误差

比例尺	加密点平面中误差(平地、丘陵地)/m	加密点高程中误差(平地、丘陵地)/m
1∶1000	0.35	0.5
1∶500	0.18	0.5

三、数字化测图法

数字化测图法是近 20 年发展起来的一种全新的测绘地形图的方法。广义的数字化测图包括全野外数字化测图、地图数字化成图和摄影测量与遥感数字化测图;狭义的数字化测图是指全野外数字化测图。

全野外数字化测图法是采用全站仪在实地直接采集数据,求出界址点的坐标,并根据这些点绘制成地籍图。

1. 数字化测图系统的构成

数字化测图系统是指实现数字法测图功能所有因素的结合。广义地讲,数字化测图系统是硬件、软件、人员和数据的总和,主要由硬件(包括测绘类硬件和计算机类硬件)和软件组成。

(1) 数字化测图系统常用硬件。

数字化测图系统常用的硬件设备包括全站仪、计算机、数字化仪、扫描仪、绘图仪等。

(2) 数字化成图软件。

数字化成图软件是数字化测图系统中的一个极其重要的组成部分,包括为完成数字化工作而用到的所有软件(如操作系统)、支撑软件(如计算机辅助设计软件 AutoCAD 和数据库管理系统 FoxPro)和实现数字化测图功能的应用软件。

软件的优劣直接影响数字化测图系统的效率、可靠性、成图精度和操作的难易程度。

2. 数字化测图的工作过程

数字化测图的工作过程可以分为 3 个阶段,即数据采集、数据处理和数据输出。

数据采集是在野外和室内电子测量与记录仪器获取数据,这些数据要按照计算机能够接受的和应用程序所规定的格式记录。

数据处理是将采集的数据转换为地图数据,需要借助计算机程序在人机交互方式下进行复杂的处理,如坐标转换、地图符号的生成和注记的配置等。

数据的输出以图解和数字方式进行。图解方式是自动绘图仪绘图,数字方式是数据的存储,建立数据库。

数字化测图的工作流程如图 12.21 所示。

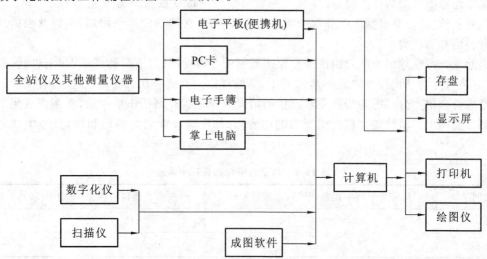

图 12.21 数字化测图的工作流程

项目 13 房产面积测算

任务 1 房屋面积计算规则

一、房产面积概述

房产面积均指水平面积的测算,包括房屋面积和房屋用地面积,如图 13.1 所示。房屋面积包括房屋建筑面积、房屋产权面积、房屋使用面积、共有建筑分摊面积等。房屋用地面积包括房屋占地面积、丘面积、各项地类面积、共用土地面积测算与分摊等。

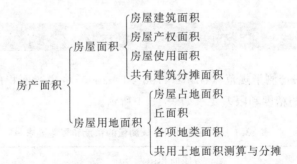

图 13.1 房产面积的内容

房屋建筑面积:房屋外墙(柱)勒脚以上各层的外围水平投影面积,包括阳台、挑廊、地下室、室外楼梯等。房屋建筑面积分为使用面积、辅助面积、结构面积。

房屋产权面积:产权主依法拥有房屋所有权的房屋建筑面积。它由直辖市、市、县房地产行政主管部门登记确认。

房屋使用面积:房屋户内全部可供使用的净空面积,按房屋的内墙线水平投影计算,不包括房屋内的墙、柱等结构构造面积和保温层的面积。

房屋共有建筑面积:各产权主共同占有或共同使用的建筑面积。

房屋用地面积:房屋占用和使用的全部土地面积,以丘为单位进行测算。

房屋占地面积:房屋底层外墙(包括柱、廊、门、阳台)外围水平面积。

二、计算建筑面积应具备的条件

计算建筑面积应具备的条件如下：
(1) 应具有上盖；
(2) 应有围护物；
(3) 结构牢固、属永久性的建筑物；
(4) 层高 2.20 m 以上(含 2.20 m)；
(5) 可作为居民生产或生活的场所。

三、面积量算的一般规定

面积量算的一般规定如下：
(1) 房地产面积的测算,均指水平投影面积的测算；
(2) 层高指上下两层楼面,或楼面与地面之间的垂直距离；
(3) 量距应使用经鉴定合格的卷尺或其他能达到相应测量精度的仪器或工具；
(4) 各类面积必须独立测算两次,其较差应在规定的限差之内,取中数作为最后结果；
(5) 边长以 m 为单位,取位至 0.01 m,在面积的所有计算过程中,取位至 0.001 m^2,面积计算结果取位至 0.01 m^2；
(6) 共有建筑面积分摊系数保留到小数点后 6 位或 6 位以上。

四、房屋面积测算的精度要求

2000 年发布的《房产测量规范》(GB/T 17986.1—2000)将房产面积的精度要求分为三级。房屋面积和边长测量的精度和限差要求如表 13.1 所示。

表 13.1　房屋面积和边长测量的精度和限差要求

房产面积的精度等级	房屋面积限差/m	中误差
一	$0.02\sqrt{S}+0.0006S$	$0.01\sqrt{S}+0.0003S$
二	$0.04\sqrt{S}+0.002S$	$0.02\sqrt{S}+0.001S$
三	$0.08\sqrt{S}+0.006S$	$0.04\sqrt{S}+0.003S$
长度测量的精度等级	边长测量误差的限差/m	边长测量中误差/m
一	$0.014+0.0004D$	$0.007+0.0002D$
二	$0.028+0.0014D$	$0.014+0.0007D$
三	$0.056+0.004D$	$0.028+0.002D$

五、房屋面积计算规则

1. 计算全部建筑面积的范畴

(1) 永久性结构的单层房屋按一层计算建筑面积;多层房屋按各层建筑面积的总和计算。

(2) 房屋内的夹层、插层、技术层及其梯间、电梯间等,其高度在 2.20m 以上部位计算建筑面积。

(3) 穿过房屋的通道,房屋内的门厅、大厅,均按一层计算面积。门厅、大厅内的回廊部分,层高在 2.20m 以上的,按其水平投影面积计算建筑面积。

(4) 尺寸的变更最容易出现在住宅楼的地下室。若某间地下室尺寸变小,而隔壁地下室开间变大,很明显是两户隔墙发生错位,这种情况下,证据确凿,可以直接按照现场丈量的尺寸计算建筑面积。

(5) 楼梯间、电梯(观光梯)井、提物井、垃圾道、管道井等,均按房屋自然层计算建筑面积。

(6) 有柱或在围护结构的门廊、门斗,按其柱或围护结构的外围水平投影面积计算建筑面积。

(7) 房屋天面上,属永久性建筑,层高在 2.20 m 以上的楼梯间、水箱间、电梯机房及斜面结构屋顶高度在 2.20 m 以上的部位,按其外围水平投影面积计算建筑面积。

(8) 全封闭的阳台按其外围水平投影面积计算建筑面积。

(9) 属永久性结构、有上盖的室外楼梯,按各层水平投影面积计算建筑面积。

(10) 玻璃幕墙等作为房屋外墙的,按其外围水平投影面积计算建筑面积。

(11) 与房屋相连的有柱走廊,两房屋间有上盖和柱的走廊,均按其柱的外围水平投影面积计算建筑面积。

(12) 房屋间永久性的、封闭的架空通廊,按外围水平投影面积计算建筑面积。

(13) 地下室、半地下室及其相应出入口,且层高在 2.20 m 以上,按其外墙(不包括采光井、防潮层及保护墙)外围水平投影面积计算建筑面积。

(14) 属永久性建筑有柱的车棚、货棚等,按柱的外围水平投影面积计算建筑面积。

(15) 依坡地建筑的房屋,利用吊脚做架空层,有围护结构的,按其高度在 2.20 m 以上部位的外围水平面积计算建筑面积。

(16) 有伸缩缝的房屋,若其与室内相通,伸缩缝计算建筑面积。

2. 计算一半建筑面积的范围

(1) 与房屋相连有上盖无柱的走廊、檐廊,按其围护结构外水平投影面积的一半计算建筑面积。

(2) 独立柱、单排柱的门廊、车棚、货棚等属永久性建筑的,按其上盖水平投影面积的一半计算建筑面积。

(3) 未封闭的阳台、挑廊,按其围护结构外水平投影面积的一半计算建筑面积。

(4) 无顶盖的室外楼梯,按各层水平投影面积的一半计算建筑面积。

(5) 有顶盖不封闭的、永久性的架空通廊,按外围水平投影面积的一半计算建筑面积。

3. 不计算房屋面积的范围

(1) 层高小于 2.20 m 的夹层、插层、技术层和层高小于 2.20 m 的地下室和半地下室等。

(2) 突出房屋墙面的构件、配件、装饰柱、装饰性的玻璃幕墙、垛、勒脚、台阶、无柱雨篷等。

(3) 房屋之间无上盖的架空通廊。

(4) 房屋的天面、挑台,以及天面上的花园、泳池。

(5) 建筑物内的操作平台、上料平台及利用建筑物的空间安置箱、罐的平台。

(6) 骑楼、骑街楼的底层用作道路街巷通行的部分。

(7) 利用引桥、高架路、高架桥、路面作为顶盖建造的房屋。

(8) 活动房屋、临时房屋、简易房屋。

(9) 独立烟囱、亭、塔、罐、池,以及地下人防干、支线。

(10) 与房屋室内不相通的房屋间伸缩缝。

4. 其他细则规定

(1) 房屋层高。计算建筑面积的房屋,其层高均应在 2.2 m 以上(包含 2.2 m,以下相同)。

(2) 外墙墙体。同一楼层外墙,既有主墙又有玻璃幕墙的,以主墙为准计算建筑面积,墙的厚度按主墙体厚度计算。各楼层墙体厚度不同时,分层分别计算。金属幕墙及其他材料幕墙参照玻璃幕墙的有关规定处理。

(3) 斜面结构屋顶。房屋屋顶为斜面结构,即坡屋顶的,层高 2.2 m 以上部位计算建筑面积。

(4) 不规则围护物。阳台、挑廊、架空通廊的外围水平投影超过其底板外沿的,以底板水平投影计算建筑面积。

(5) 变形缝。与室内任意一边相通,具备房屋的一般条件,并能正常利用的伸缩缝、沉降缝均应计算建筑面积。

(6) 非垂直墙体。对于倾斜、弧状等非垂直墙体的房屋而言,层高 2.2 m 以上的部位计算建筑面积。房屋墙体向外倾斜,且超出底板外沿的,以底板投影计算建筑面积。

(7) 楼梯下方空间。楼梯已计算建筑面积的,其下方空间不论是否可以利用,均不再计算建筑面积。

(8) 公共通道。临街楼房、挑廊下的底层作为公共道路街巷通行的,不论其是否有柱、是否有维护结构,均不计算建筑面积。

(9) 两层及两层以上的房屋。两层及两层以上的房屋建筑面积均按《房产测量规范》中多层房屋建筑面积计算的有关规定执行。

(10) 与室内不相通的建筑。与室内不相通的类似于阳台、挑廊、廊檐的建筑,均不计算建筑面积。

(11) 室外楼梯。室外楼梯的建筑面积按其在各楼层水平投影面积之和计算。

另外,房屋套内具有使用功能,但层高低于 2.2 m 的部分,在房屋权属登记中应明确其相应权利的归属。

任务 2 房屋面积勘丈与计算

一、房屋建筑面积测量方法

面积测算的方法有很多,根据面积测算数据资料的来源,可分为解析法、实地量距法和图解法三大类。大多数房屋及其用地都是由规则几何图形构成的,例如矩形、方形的房屋或房间,大多数可以直接量取其有关边长,利用几何基本公式即可很简单地计算出它们的面积。但也有一些房屋和用地的形状比较复杂和不规则,计算这些形状比较复杂和不规则房屋和用地的面积时,一种方法是测定其界址点的坐标计算面积;另一种方法是将整个面积分解成若干简单的几何图形,分别量取这些图形的有关边长和角度,再计算出它们的面积。所以,房产面积的测算,主要采用坐标解析法和实地量距法。

1. 坐标解析法

坐标解析法是根据房屋用地界址点或丘边界点的坐标计算房屋用地面积或丘的面积,也包括利用房角点的坐标计算房屋面积的方法。此方法会在任务4中进行详细介绍,在此不做描述。

2. 实地量距法

实地量距法是在实地使用仪器(如全站仪、测距仪或卷尺)丈量图形的边长计算出图形的面积。实地量距法是目前房地产测量中最普遍的面积测算方法。

(1) 边长长度测量方法。

长度测量工具一般使用钢尺、玻璃纤维尺和手持式激光测距仪。

长度测量时,必须进行往返测量,往返测量的差值应小于其被测长度值的0.05%,如所测量距离在100 m左右,往返测量的差值应控制在小于5 cm,被测长度取往返测量值的平均值。长度测量的读数精确到0.01 m,如已进行墙面装饰的,必须减除装饰面厚度。

(2) 墙体厚度测量方法。

用钢卷尺或手持测距仪直接测量墙体厚度。对于无法直接测量的墙体而言,可用测量内、外尺寸计算差值的方法进行间接测量。

其他墙体厚度按实测值核实设计值,墙体厚度按设计值计算,实在不能明确设计值时,按实测值计算。

(3) 层高测量。

选择楼层之间上层地板到下层地板,上阳台底板到下底板的垂直距离,用钢卷尺或手持测距仪至少取三个位置进行测量,取三次测量结果的平均值为层高实测结果。

(4) 套内房屋边长测量。

测量点一般取距地面1.2 m±0.2 m的高度,分别在房屋的两个长边、两个短边的1/6和5/6位置,两测量点应保持水平。房屋边长较长时,应适当增加测量点数量。

(5) 阳台边长测量。

阳台边长测量要测量栏板外沿长和宽,每边各选取两个测量点。

(6) 整幢建筑物外围尺寸测量。

测量点一般取建筑物外墙勒脚以上,距地面1.2 m±0.2 m的高度,且紧贴墙面的水平位置。

(7) 对于非矩形的房屋面积而言,应采用分块法进行测量,分块原则以分块少、各参数便于直接测定为宜,先对各分块区域进行测量计算,得到各分块的面积,再将各分块面积相加计算得到该形状的建筑面积,如表13.2所示。

表 13.2 分块面积计算

图形举例	勘丈数据	面积公式
△	三边长度 a、b、c	$S=\sqrt{p(p-a)(p-b)(p-c)}$ $p=\frac{1}{2}(a+b+c)$
▱	上下底宽 a、b 和高 h	$S=\frac{1}{2}(a+b)\times h$
▭ ▱	长 a、宽或高 h	$S=a\times h$
○	半径 R	$S=\pi\times R^2$

任务 3 共有建筑面积的分摊

一幢房屋具有多个产权人，或者需要按产权单元分别提供产权登记面积，且存在无法分割的共有部位时，需要确定和计算共有建筑面积。

《物权法》规定，建筑区划内的其他公共场所、公用设施和物业服务用房，属于业主共有。共有部分又包括两部分，一部分是指能被分摊的公用建筑面积，即共有建筑面积；另一部分是指不能被分摊的公用建筑面积，即公有建筑面积。

一、可以分摊的共有建筑面积

可以分摊的共有建筑面积有以下几种：
(1) 共有的电梯井、管道井、垃圾道、观光井（梯）、提物井；
(2) 共有的楼梯间、电梯间；
(3) 为本幢服务的变电室、水泵房、设备间、值班警卫室；
(4) 为本幢服务的公共用房、管理用房；
(5) 共有的门厅、大厅、过道、门廊、门斗；
(6) 共有的电梯机房、水箱间、避险间；
(7) 共有的室外楼梯；
(8) 共有的地下室、半地下室；
(9) 公共建筑之间的分隔墙，以及外墙（包括山墙）水平投影面积一半的建筑面积。

二、不应分摊的公有建筑面积

不应分摊的公有建筑面积只有以下几种：

(1) 作为人防工程的建筑面积；
(2) 独立使用的地下室、半地下室、车库、车棚；
(3) 为多幢服务的警卫室、设备用房、管理用房；
(4) 用作公共休息的亭、走廊、塔、绿化等建筑物。

三、共有建筑面积的所有权与使用权

房屋共有建筑面积的所有权与使用权属于参与共有建筑面积分摊的各产权人。

四、共有建筑面积的分类与确认

根据共有建筑面积的使用功能，共有建筑面积主要分为三类：
(1) 全幢共有建筑面积是指为整幢服务的共有建筑面积，此类共有建筑面积由全幢进行分摊；
(2) 功能区共有建筑面积指专为某一功能区服务的共有建筑面积，这一类专为某一功能区服务的共有建筑面积应由该功能区内分摊；
(3) 由于各层功能设计不同，各层共有建筑面积有时也不相同。当各层的共有建筑面积不同时，则应区分各层的共有建筑面积，由各层各自进行分摊。

如果一幢楼各层的套型一致，共有建筑面积也相同，则没有必要对共有建筑进行分类，可以幢为单位，按幢进行一次共有建筑面积的分摊，直接求得各套的分摊面积。

对于多功能的综合楼或商住楼而言，共有建筑面积的分摊比较复杂，一般要进行二级或三级，甚至更多级的分摊。

五、共有面积的分摊原则

共有面积的分摊原则如下：
(1) 产权各方有合法权属分割文件或协议的，按文件或协议规定执行分摊；
(2) 无产权分割文件或协议的，或产权分割文件、协议不合法的，可按相关房屋的建筑面积比例进行分摊；
(3) 参加分摊的产权各方所分得的面积之和应等于相应的幢、功能区、层的共有建筑面积；
(4) 产权各方的产权面积应等于幢的总建筑面积。

六、分摊计算流程

1. 各套房屋边长尺寸测量与检核

为了保证房屋面积计算的准确可靠，计算面积前应对房屋的所有边长进行一次校核，保证各尺寸之间没有矛盾，保证各套房间边长与总边长完全一致，对不一致的应进行查错纠正。如果多余观测的测量误差的闭合差在限差之内时，应进行平差分配处理。

2. 成套房屋套内建筑面积计算

通过上一步流程中所得的各套房屋边长，按照任务 2 中成套房屋套内建筑面积的计算方法，计算出全部套内建筑面积。上下层相同结构的房屋可集中表示。

3. 全幢共有建筑面积计算

全幢共有建筑面积是指为整幢服务的共有建筑面积,此类共有建筑面积由全幢进行分摊,如全幢外墙墙体面积的一半,全幢共用门卫室、警卫室、收发室等。

外墙面积的一半可通过表13.3所示方法计算。

表 13.3 外墙一半面积计算

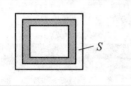	1. 外部边长 a_1、宽 b_1 2. 中线边长 a_2、宽 b_2 3. 内部边长 a_3、宽 b_3 4. 内外边间距 w	$S_{外}=(a_1+b_1)w-w^2$ $S_{外}=(a_2+b_2)w+w^2$ $S_{外}=(a_3+b_3)w+3w^2$

4. 功能区共有建筑面积计算

功能区共有建筑面积是指本幢建筑内专为某一功能区服务的建筑面积,这一类应由该功能区内分摊,一幢建筑可能有多个功能区的存在。

5. 层共有建筑面积计算

如果一幢楼各层的套型一致,共有建筑面积也相同,则没有必要对共有建筑进行分类,可以幢为单位,按幢进行一次共有建筑面积的分摊,直接求得各套的分摊面积。如果各层的共有建筑不同,则应区分各层的共有建筑面积,由各层各自进行分摊。

6. 各层建筑面积计算

层建筑面积 = 层总套内建筑面积 + 层共有建筑面积

7. 功能区建筑面积

功能区建筑面积 = 各功能区各层建筑面积之和 + 功能区共有建筑面积

8. 幢建筑面积

幢建筑面积 = 各功能区建筑面积之和 + 幢共有建筑面积

9. 幢共有建筑面积分摊至各功能区

幢共有分摊系数 = 幢共有建筑面积/功能区建筑面积

各功能区分摊面积 = 幢共有分摊系数×对应各功能区建筑面积

各功能区得分摊后共有建筑面积 = 各功能区共有建筑面积 + 各功能区分摊面积

10. 功能区分摊后的共有建筑面积分摊至各层(各层套型一致的可直接分至各套)

对应各功能区共有分摊系数 = 各功能区分摊后的共有建筑面积/各层建筑面积

各层分摊面积 = 对应各功能区共有分摊系数×对应各层建筑面积

各层分摊后的共有建筑面积 = 各层共有建筑面积 + 各层分摊面积

11. 各层分摊后的共有建筑面积分摊至各套

对应各层共有分摊系数 = 各层分摊后的共有建筑面积/套内建筑面积

各套内分摊面积 = 对应各层共有分摊系数×各套内建筑面积

各套建筑面积 = 各套内分摊面积 + 各套内建筑面积

算例:某住宅楼实测尺寸如下,其中:首层101、102房间套内建筑面积均为 54.89 m²,二层201、202房间套内建筑面积均为 52.18 m²,三至九层01、02房间套内建筑面积分别为 52.18 m²、

53.45 m²。本功能区共有建筑面积为 100.56 m²,幢共有建筑面积为 9.12 m²,试计算各套房屋需分摊的建筑面积。

解:

(1) 各套房屋套内建筑面积已给出。住宅套内建筑面积之和为:953.55 m²。

(2) 幢共有建筑面积已给出为 9.12 m²。

(3) 功能区共有建筑面积已给出为 100.56 m²。

(4) 本例均为住宅无其他功能区,所以可直接计算住宅功能区建筑面积:

$$住宅功能区建筑面积 = 953.55 \text{ m}^2 + 100.56 \text{ m}^2 = 1\,054.11 \text{ m}^2$$

(5) 幢建筑面积 = 1054.11 m² + 9.12 m² = 1 063.23 m²

(6) 本例均为住宅无其他功能区,所以可直接计算住宅分摊系数 K,进行分摊面积计算。

$$K = (9.12 + 100.56)/953.55 = 109.68/953.55 = 0.115$$

(7) 各套分摊面积:

101 房分摊面积 = K × 101 房套内建筑面积 = 0.115 × 54.89 m² = 6.31 m²

102 房分摊面积 = 6.31 m²

201 房分摊面积 = 6.00 m²

202 房分摊面积 = 6.00 m²

301 房分摊面积 = 401 房分摊面积 = 501 房分摊面积 = 601 房分摊面积 = 701 房分摊面积 = 801 房分摊面积 = 901 房分摊面积 = 6.00 m²

302 房分摊面积 = 402 房分摊面积 = 502 房分摊面积 = 602 房分摊面积 = 702 房分摊面积 = 802 房分摊面积 = 902 房分摊面积 = 6.15 m²

任务 4 房屋用地面积测算的方法

房屋用地面积指房屋占用和使用的全部土地面积,包括房屋及其附属设施所占用的土地面积、院落用地面积和公用土地的分摊面积等。

用地面积以丘为单位进行测算,包括房屋占地面积、其他用途的土地面积、各地类面积的测算。用地面积测算一般有坐标解析法、实地量距法、图解法等。

坐标解析法是根据集合图形的各个角点坐标直接计算面积。随着测量仪器设备的快速发展,角点坐标的获取非常方便快捷,且精度非常高,所以采用坐标解析法进行面积测算是目前测定土地面积的主要方法。

一、坐标解析法

通常情况下,一个地块的形状是一个任意多边形,其范围内可以是一条街道的土地,也可以是一块宗地或一个特定的地块。坐标法解析是指按地块边界的拐点坐标计算地块面积的方法,其坐标可以在野外直接实测得到,也可以从已有地图上图解得到,面积的精度取决于坐标的精度。

当地块很不规则,甚至某些地段为曲线时,可以增加拐点,测量其坐标。曲线上加密点越多,就越接近曲线,计算出的面积越接近实际面积。

如图 13.2 所示,设有地块 ABCDE,需要测算其土地面积,此地块可被辅助线分割,这时只需要计算出地块被分割成的相应梯形面积,即可得到地块 ABCDE 的总面积。

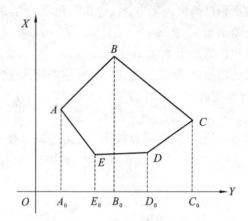

图 13.2 坐标解析法求面积

ABCDE 各顶点的坐标为 (X_A,Y_A)、(X_B,Y_B)、(X_C,Y_C)、(X_D,Y_D)、(X_E,Y_E),则多边形 ABCDE 的面积:

$$S_{ABCDE}=S_{AA_0B_0B}+S_{BB_0C_0C}-S_{AA_0E_0E}-S_{EE_0D_0D}-S_{DD_0C_0C}$$

利用梯形面积计算公式可得

$$S_{AA_0B_0B}=(X_A+X_B)(Y_B-Y_A)/2$$
$$S_{BB_0C_0C}=(X_B+X_C)(Y_C-Y_B)/2$$
$$S_{AA_0E_0E}=(X_A+X_E)(Y_E-Y_A)/2$$
$$S_{EE_0D_0D}=(X_E+X_D)(Y_D-Y_E)/2$$
$$S_{DD_0C_0C}=(X_D+X_C)(Y_C-Y_D)/2$$

合并整理后即可计算得出多边形地块的面积。将上式推广到 n 边形,得

$$S=\frac{1}{2}\sum_{i=1}^{n}X_i(Y_{i+1}-Y_{i-1}) \tag{13-1}$$

$$S=\frac{1}{2}\sum_{i=1}^{n}Y_i(X_{i-1}-X_{i+1}) \tag{13-2}$$

式中,X_i、Y_i 为地块拐点坐标。当 $i-1=0$ 时,$X_0=X_n$;当 $i+1=n+1$ 时,$X_{n+1}=X_1$。

算例:一宗地块,其拐点坐标为 1 号(44.75,13.00);2 号(47.80,50.18);3 号(22.80,65.50);4 号(20.12,20.04),利用坐标解析法计算其面积。

解:根据公式

$$S=\frac{1}{2}\sum_{i=1}^{n}X_i(Y_{i+1}-Y_{i-1})$$

代入已知拐点坐标得

$$S=\frac{1}{2}[X_1(Y_2-Y_4)+X_2(Y_3-Y_1)+X_3(Y_4-Y_2)+X_4(Y_1-Y_3)]$$

$$= \frac{1}{2}[44.75(50.18-20.04)+47.80(65.50-13.00)+22.80(20.04-50.18)$$
$$+20.12(13.00-65.50)]$$
$$= 2\ 114.778$$

则,其地块面积为 2 114.778 m²。

二、图上量测法

可通过求积仪测定法、方格计算法、三斜法等方法,在已有地形图纸上对某一地块进行面积量测。

1. 求积仪测定法

求积仪是一种专供在图上量算面积的仪器,如图 13.3 所示。求积仪的优点是速度快,操作方便,适用于各种形状图形的面积量算,能保证一定的精度。

2. 方格计算法

在透明板材上建立起互相垂直的平行线,平行线间的间距为 1 mm,则每一个方格是面积为 1 mm² 的正方形,通常将它的整体称为方格网求积板。

如图 13.4 所示,abmn 为要量测的图形,可将透明方格网置于该图形的上面,首先累积计算图形内部的整方格数,再估读被图形边线分割的非整格面积,两者相加即得图形面积。

图 13.3 求积仪

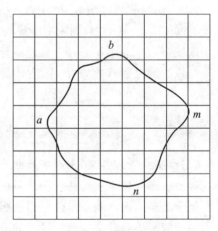

图 13.4 方格网法

三、CAD 面积量测

计算机辅助制图软件 AutoCAD 具有面积量测的功能。将已有的地形图导入 AutoCAD 软件中,找到预量测区域的地块(此地块必须为一整体闭合的单个图形),再通过 Area 命令选取此地块的边界,AutoCAD 将在结果显示区显示面积量算的结果。对于多地块面积量测而言,可以通过 AutoCAD 的 Lisp 编程,来实现批处理。

项目 14 房地产测绘管理与变更测量

任务 1 房地产测绘管理

　　房地产测绘管理是从房地产测绘单位的角度出发,研究房地产测绘生产活动的原理、方法、内容和规律性,通过合理组织测绘生产和改善管理,使测绘单位的人、财、物得到有效、充分的利用,并以最少的投入,取得尽可能多的符合城市建设与管理要求的房地产测绘成果。

　　《房产测绘管理办法》已经在 2000 年 10 月 8 日建设部(现城乡和住宅建设部)第 31 次常务会议、2000 年 10 月 26 日国家测绘局局常务会议通过审议(国家测绘局经国土资源部批准授权)并予以发布,自 2001 年 5 月 1 日起施行。

　　房地产测绘管理有如下特点:①延续性;②基础性;③准确性;④现势性;⑤法律性;⑥共享性。

一、房地产测绘资格管理

　　《房产测绘管理办法》中对房产测绘单位的资格管理,有相关的文件要求,具体条款如下。

　　第十一条　国家实行房产测绘单位资格审查认证制度。

　　第十二条　房产测绘单位应当依照《中华人民共和国测绘法》和本办法的规定,取得省级以上人民政府测绘行政主管部门颁发的载明房产测绘业务的《测绘资格证书》。

　　第十三条　除本办法另有规定外,房产测绘资格审查、分级标准、作业限额、年度检验等按照国家有关规定执行。

　　第十四条　申请房产测绘资格的单位应当向所在地省级测绘行政主管部门提出书面申请,并按照测绘资格审查管理的要求提交有关材料。

　　省级测绘行政主管部门在决定受理之日起 5 日内,转省级房地产行政主管部门初审。省级房地产行政主管部门应当在 15 日内,提出书面初审意见,并反馈省级测绘行政主管部门;其中,对申请甲级房产测绘资格的初审意见应当同时报国务院建设行政主管部门备案。

　　申请甲级房产测绘资格的,由省级测绘行政主管部门报国务院测绘行政主管部门审批发证;申请乙级以下房产测绘资格的,由省级测绘行政主管部门审批发证。

取得甲级房产测绘资格的单位,由国务院测绘行政主管部门和国务院建设行政主管部门联合向社会公告。取得乙级以下房产测绘资格的单位,由省级测绘行政主管部门和省级房地产行政主管部门联合向社会公告。

第十五条 《测绘资格证书》有效期为5年,期满3个月前,由持证单位提请复审,发证机关负责审查和换证。对有房地产测绘项目的,发证机关在审查和换证时,应当征求同级房地产行政主管部门的意见。

在《测绘资格证书》有效期内,房产测绘资格由测绘行政主管部门进行年检。年检时,测绘行政主管部门应当征求同级房地产行政主管部门的意见。对年检中被降级或者取消房产测绘资格的单位,由年检的测绘行政主管部门和同级房地产行政主管部门联合向社会公告。

在《测绘资格证书》有效期内申请房产测绘资格升级的,依照本办法第十四条的规定重新办理资格审查手续。

二、房地产测绘质量管理

房地产测绘质量管理应从测绘产品质量形成的各个阶段抓起,具体有以下几个方面。

1. 技术设计质量管理

技术设计是测绘生产的先决条件,是决定测绘产品质量,提高测绘单位经营管理水平的重要环节。技术设计书是一个测绘项目的生产依据,房地产测绘生产单位应先进行技术设计,经审核通过后再严格按照设计书进行测绘生产,严禁无设计就进行生产。

测绘技术设计书的目的是制订切实可行的技术方案,保证测绘成果(产品)符合技术标准和满足顾客要求,并获得最佳的社会效益和经济效益,因此,每个测绘项目作业前应进行技术设计。

测绘技术设计分为项目技术设计和专业技术设计。项目技术设计是对测绘项目进行的综合性整体设计;专业技术设计是对专业测绘活动的技术要求进行设计,它是在项目设计的基础上进行的具体设计。对于工作量小的测绘项目而言,可根据需要将二者合二为一。

测绘技术设计质量保证措施和要求如下:

(1) 组织管理措施,规定项目实施的组织管理和主要人员的职责和权限;
(2) 资源保证措施,对人员的技术能力或培训的要求,对软、硬件装备的需求等;
(3) 质量控制措施,规定生产过程中的质量控制环节和产品质量检查、验收的主要要求;
(4) 数据安全措施,规定数据安全和备份方面的要求。

2. 测绘生产过程中的质量管理

测绘生产过程是产品质量直接形成的过程,也是设计意图转化为有形产品的过程,它取决于工序能力和工序质量管理水平。大量统计资料表明,产品质量问题大部分产生在这个过程,所以加强生产过程的质量管理是保证和提高产品质量的关键,是质量管理的中心环节。

生产过程质量管理的任务是建立能够稳定生产合格和优质产品的生产系统,抓好每个生产环节的质量管理,严格执行技术标准,保证每个工序的作业质量,并通过质量分析找到产生缺陷的原因,采取预防措施把不合格产品消灭在生产过程中。

生产过程中的质量管理关键要做好"三环节"管理,即事前指导、中间检查、事后验收。

(1) 事前指导。

项目开展前,必须组织项目成员对技术标准、操作规程、技术设计等进行学习,对测量仪器设备进行检验,并出具合格证书。

(2) 中间检查。

在测量作业期间,质检人员应深入工作现场,抓好生产的每个环节,严格执行技术标准,做到有章可循、按章执行、违章必究。质检人员在检查过程中发现的问题,应及时提交检验结果并给出处理意见,测绘单位应立即针对性地整改。

(3) 事后验收。

测绘成果实行二级检查和一级验收制度。一级检查为过程检查,在全面自检、互查的基础上,由作业组的检查人员进行。二级检查由测绘单位的质量检查机构和专职检查人员在一级检查的基础上进行。验收工作应在二级检查合格后,由房地产测绘单位的主管机构实施。

检查验收的内容有以下五项。

(1) 控制测量。控制测量网的布设和标志埋设是否符合要求,各种记录计算是否正确,各类控制点的测定方法、扩展次数及各种限差、成果精度是否合乎要求,起算数据和平差计算方法是否正确,平差的成果精度是否符合要求。

(2) 房产要素调查。房产要素调查的内容与填写是否齐全、正确,调查表中的用地略图和房屋权界线示意图上的用地范围线、房产权界线、房屋四面墙体归属,以及有关说明、符号和房地产图上是否一致。

(3) 房产要素测量。房产要素测量的测量方法、记录和计算是否正确,各项限差和成果精度是否符合要求,测量的要素是否齐全、准确,对有关地形要素的取舍是否合理。

(4) 房地产图的绘制。房地产图的规格尺寸、技术要求、表达内容、图廓整饰是否符合要求,房地产要素的表述是否齐全、正确、合乎要求,对有关地形要素的取舍是否合理,图面精度和图边处理是否符合要求。

(5) 房产面积的测算。房产面积和用地面积的计算方法是否正确,精度是否合乎要求,共有面积与共用面积的测定和分摊面积计算是否合理。

三、房地产测绘资料管理

房地产测绘资料按内容和表示方法不同,可分为调查原始资料、测量资料、测量成果计算资料和房地产图,具体包括:房地产测绘设计书,测绘成果报告书,控制测量成果资料,房屋及房屋用地调查表,界址点坐标成果表,房屋分户计算表和各种房产图以及检查验收报告。房地产测绘资料是房地产管理部门进行房产产权、产籍管理及房地产开发利用、交易、征收税费的重要依据,是城市规划部门进行城镇规划建设的重要资料,也是国家的宝贵财富,因此,必须科学地管理,妥善地保存,充分地利用房地产测绘资料。房地产测绘资料管理工作应根据国务院制定的《科学技术档案工作条例》和原建设部颁布的《城市建设档案管理条例》,以及本地区测绘行政主管部门制定的测绘资料管理办法进行,使测绘资料管理纳入科学化、现代化的轨道。

1. 测绘资料内容

房地产测绘资料的内容很多,例如一个完整的房地测绘项目结束后,形成的成果资料应包含以下内容:

(1) 成果资料索引及说明；
(2) 房地产测绘技术设计书；
(3) 平面控制测量成果资料，包括控制网布设图、原始观测记录手簿、计算资料和成果表；
(4) 房地产图，包括房地产分幅图、分丘图、分户图的实测原图和清绘原图；
(5) 界址点坐标成果表；
(6) 房地产调查资料，包括房屋调查表、房屋用地调查表、面积测算资料以及调查过程中特别是确定权源过程中有关的附属材料；
(7) 技术总结；
(8) 检查、验收报告。

2. 资料整理

房地产测绘资料通过资料整理实现其条理化并将其有关内容、成分揭示出来，否则无法进行定位排架。同时，通过资料整理还可以检验资料的完整性。资料的整理工作一般有以下几个方面。

(1) 原图的整理。

由外业测绘制成的房地产图或经航测内业处理完毕的房地产航测图，以及经过编绘得到的房地产编绘图，统称为房地产原图。房地产原图的形式多种多样，如胶合板纸质图、聚酯薄膜透明底图、数字化电子图等。房地产原图要进行整理、装订、备份等工作。

(2) 绘制结合图。

为了便于查找房地产图幅所在地的位置和四邻接图幅的图号，应对整个测区范围绘制一份结合图，这样可以在图上一目了然地看清整个测区图幅的分幅情况、图号和图幅的数量。这样不仅便于图纸的管理和使用，也便于以后修测划分工作范围，制订作业计划。

(3) 复晒图的装订。

由于房地产图要经常修测，在每次完成测绘项目之后应按照房产区、房产分区、丘的顺序装订成册，以后每隔3至5年对图纸进行重新复晒装订，作为历史资料留存，以真实地反映房地产的演变状况。装订时应标明房产区、房产分区名称、丘号、坐标或行列顺序，内页应附测图日期、图幅总数、执行标准及用法说明。

(4) 原图的数字化。

由于计算机技术的飞速发展，越来越多的房地产纸质地图被数字化电子图所代替。对于非数字化的原图而言，可以通过图形数字化技术使用数字化仪或扫描仪将原图数字化，建立图形数据库，根据需要输出图样。

(5) 资料建档。

房地产测绘资料的建档是在资料整理的基础上，由房地产管理部门的档案管理机构对其进行科学地分类、排列和编号，以便对房地产测绘资料进行分类、整理和排架。

任务 2 变更测量

房产变更测量是指在完成初始房产测量之后，因房屋发生买卖、交换、继承、新建、拆除等涉及权界调整和面积变化，为保持产权产籍资料的现势性而进行的房屋及用地的位置、权界、面积和现状的测绘调查,是房产经常性的工作内容之一。通过及时、准确的房产变更测量,确保房产图的现势性和房产档案的真实性,为房产日常的转移和变更登记提供准确的权力位置定位图籍和权属面积等数据。

一、房产变更测量的内容

房产变更测量包括现状变更测量和权属变更测量。现状变更测量具体反映在分幅图和分丘图上,权属变更测量具体反映在产权证附图与登记档案上,为产权产籍提供测绘保障。

1. 现状变更测量的内容

现状变更测量的内容如下:
(1) 房屋的新建、翻建、改建、扩建,房屋建筑类别(结构、层数、用途)和平面位置的变化;
(2) 房屋的损坏或灭失,包括部分拆除、焚毁和倒塌;
(3) 围墙、栅栏、篱笆、铁丝网等房屋围护物和附属设施的变化;
(4) 道路、广场、河流、街巷等的开拓、改造,河、湖、沟渠、水塘等水系的边界变化;
(5) 行政境界的调整,房屋坐落(地名、门牌号)的更改;
(6) 房屋及其用地面积的增减变化;
(7) 纠正错误测量,主要是房屋平面图形、建筑类别的更正。

2. 权属变更测量的内容

权属变更测量的内容如下:
(1) 房屋买卖、交换、继承、分析(割)、赠与、兼并、入股、赠予等引起的房屋产权的转移和变更;
(2) 土地使用权界的调整,包括合并、分割、塌没和截弯取直;
(3) 征用、划拨、出让、转让土地而引起的用地权属界线的变化;
(4) 法院、公证处等司法部门裁决的房地产转移和变更(包括没收、分析),以及房产管理部门按政策处理的接、代管和发还的房屋,绝产房屋;
(5) 产权的注销以及设定的他项权利(抵押、典当等)范围变更或注销;
(6) 房产权利人自行申请,因申请人隐瞒事实、伪造有关证件等引发错证的补充和更正。

二、变更测量的实施步骤

变更测量应根据房地产变更的有关资料,先进行房地产要素调查,包括现状、权属和界址调查,再进行新权界位置和面积的测定,并及时调整丘号、界点号、幢号和户号等有关的房地产编号,最后进行房地产资料的处理。

1. 准备工作

通过各个渠道收集的房地产变更的有关资料进行整理、归类、列表,调用已登记在案的资料和房地产地籍图。

2. 房地产变更调查

根据房地产变更登记申请书,结合已有登记资料,进行房地产现状调查、权属调查和界址调查。

3. 权界位置和面积的测定

房地产变更后新的权界位置和面积的测定实际上是一项复丈工作,由于房地产变更登记是以产权户为单位进行的,变更后的房地产权界位置和面积也要分户测定。

4. 变更建筑面积的办理

房屋竣工面积测绘完毕并提供使用资料之后,若其建筑面积发生变化,应视其具体情况,分别按如下规定办理。

(1) 房屋加建、改建的,应由建设单位事先向建筑管理部门申请报批,根据已批的加建、改建部位名称,测绘作业部门按测绘技术规程有关规定,测绘其变更面积值和计算由此产生的整栋其他部位的面积变更值。

(2) 重新分割是指如裙楼商铺的分户分割,工业厂房、仓库的整层分户分割等。建设单位需提供盖有公章的分户分割尺寸方案图及文字说明,测绘作业部门应现场实测各边长后,计算分户面积,并与原已测绘的整层(或整体)的面积比较,必要时需进行面积平差或分户边长平差,以使分户分割后的面积总和与原整体面积相符。

(3) 变更共用面积使用功能或范围的,应由业主委员会向建筑管理部门报批,测绘作业部门根据批准的变更情况重新测绘变更部位的共用面积值,并计算相关分户面积的变更值,然后根据有关规定确定是否更改相关分户面积。不论是否更改相关分户面积,都应形成一份变更测绘资料,将附有详细说明的变更测绘资料存档,并提供给业主委员会或产权单位。

已报批的加建、改建、重新分割等变更测绘工作完成后,只形成或更改成新的建筑面积资料,不需要重新形成或更改建筑工程竣工验收测量报告。修改建筑面积测绘资料的,除按测绘资料档案管理规定和其他有关规定办理外,对于更改房号的,不论原资料是否有房屋层次及房号编号立面图,也不论房号是否与楼层次编排匹配,均需形成两份房屋新旧房号对照表,分别随新资料存档和提供。

三、变更测量的方法

1. 现状变更的测量方法

根据房地产变更范围的大小和房地产平面图上现有平面控制点的分布情况,采用不同的测量方法。

(1) 变更范围小,可根据图上原有房屋或设置的测线,采用卷尺定点测量法,具体应用正交法、交会法、延长线法、方向线法、自由测站法等方法(限于图解测量)。

(2) 变更范围大,可采用测线固定点测量法或平板仪测量法(限于图解测量)。

(3) 采用解析测量法或全野外数字采集系统时,应布设好足够的平面控制点,并设站逐点进行数据采集。

2. 权属变更测量的方法

根据需要和实际条件,可采用图解复丈法或解析复丈法进行权属变更测量。

1) 图解复丈法

(1) 调用有关已登记在册的房地产资料,包括房屋及用地调查表、房地产初始登记申请书、房地产平面图等。

(2) 根据房地产变更登记申请书,标示的房屋及用地位置草图、权利证明文件,约定日期,通知房地产变更登记申请人或代理人到现场指界。

（3）现有的图根点、界址点、房角点等平面控制点，均可作为变更测量的基准点。利用现有平面控制点之前，应设站检测点位的准确程度，同站检测较差不超过图上±0.2 mm，异站或自由测站检测较差不超过图上±0.4 mm。当用测定的点之间距离与由此反算的距离进行检核时，其距离较差不超过相应等级的平面控制点点位中误差的2倍。

（4）房屋分析时，应将分界的实量数据注记在测量草图上，并按其实量数据计算面积后，再定出分割点在复丈图上的位置，以便绘制分户平面图。

（5）修正房地产分幅图、分丘图，并对现有产权产籍资料进行修正与处理。

2）解析复丈法

（1）调用有关的原房地产登记资料，包括房屋及用地调查表、房地产变更登记申请书、房地产平面图，以及现有的界址点、房角点坐标成果表等。

（2）根据房地产变更登记申请书、标示的房地产位置草图，权利证明文件，约定日期，通知房地产变更登记申请人或代理人到现场指界，应预先设立界标。

（3）利用现有平面控制点之前，应进行检测，用重复测定的方法，测得两点之间的距离与由坐标反算的距离进行检核，其间距误差不超过相应等级控制点、界址点或房角点的点位中误差的2倍。

（4）野外解析法测量采用极坐标法、正交法或交会法，它们的技术要求按《房产测量规范》执行。

（5）按相应等级界址点的精度要求，测定新增界址点的坐标，并计算分割后新权属面积。

（6）用地合并面积以合并后外围界址点坐标计算的面积为准。用地分割后各户用地面积之和与原面积之不符值不超过相应等级面积中误差的2倍，如在限差内，按相关面积大小比例配赋。

四、变更测量的精度和业务要求

1. 变更测量的精度

变更测量的精度包括图上精度和解析精度。图上精度是指变更后房地产分幅、分丘平面图图上精度。《房产测量规范》规定了房地产分幅图图上地物点相对邻近控制点的点位中误差不超过图上±0.5 mm；编制分幅图时，地物点相对于邻近控制点的点位中误差不超过图上±0.6 mm，变更测量后的图上精度应与变更前的图上精度要求一致。解析精度是指新增界址点或房角点的点位精度，以及面积的计算精度。新增界址点或房角点的点位精度，以及房屋和用地面积的测定精度，与成图比例尺无关。《房产测量规范》规定全野外数据采集数据或野外解析测量等方法所测的房产要素点和地物点，相对于邻近控制点的点位中误差不超过±0.05 m。权属变更测量后，新测定的变更要素点点位中误差不得超过±0.05 m，新增界址点或房角点的解析精度，要与变更前的原有界址点或房角点的解析精度要求一致。

2. 变更测量的业务要求

变更测量的业务要求有以下几个方面。

（1）变更测量应做到变更有合法依据，对原已登记发证而确认的房地产权界位置、面积等合法数据和附图不得随意更改。

（2）房地产合并或分割时，应先进行房地产登记，且无禁止分割文件，分割处必须有固定界标；位置毗连且权属相同的房屋及用地，可以合并，并应先进行房地产登记。

（3）房屋所有权发生变更或转移时，其房屋用地也应随之变更或转移。

（4）他项权利范围变更，应根据抵押、典当合同注销原权利范围，划定新权利范围。

五、变更测量后资料的处理

房地产资料主要由房地产平面图、房地产产权登记档案和房地产卡片三部分组成。此外，为了满足房地产经营管理和分类统计的需要，编造了各种账册、报表，简称为图、档、卡、册。为了相互检索或调用方便，一般使用丘（地）号。为了保持满足房地产现状与房地产资料的一致，必须对房地产动态变更及时进行收集、整理，修正图、卡、册，补充或异动档案资料，这样的房地产资料才会有使用价值。

参 考 文 献

[1] 郝海森.工程测量[M].北京:中国电力出版社,2007.
[2] 曹志勇.建筑工程测量实训[M].武汉:华中科技大学出版社,2014.
[3] 谢钢.全球导航卫星系统原理——GPS、格洛纳斯和伽利略系统[M].北京:电子工业出版社,2013.
[4] 吕永江.房产测量规范与房地产测绘技术——房产测量规范有关技术说明[M].北京:中国标准出版社,2001.
[5] 刘权.房地产测量[M].武汉:武汉大学出版社,2012.
[6] 郭玉社.房地产测绘[M].2版.北京:机械工业出版社,2009.
[7] 章书寿,孙在宏,等.地籍调查与地籍测量学[M].2版.北京:测绘出版社,2014.
[8] 中国国家标准化管理委员会.GB/T 17896.1—2000 房产测量规范[S].北京:中国标准出版社,2000.
[9] 张正禄,等.工程测量学[M].武汉:武汉大学出版社,2005.
[10] 中国有色金属工业总公司.工程测量规范[S].北京:中国计划出版社,1993.
[11] 陈胜华,苏登天.工程测量[M].北京:科学出版社,2007.
[12] 卢修元.工程测量[M].北京:中国水利水电出版社,2014.
[13] 撒利伟.工程测量[M].2版.西安:西安交通大学出版社,2013.
[14] 李向民.房地产测绘.[M].北京:中国建筑工业出版社,2002.
[15] 顾孝烈.测量学.[M].3版.上海:同济大学出版社,2006.